좌파 포퓰리즘을 위하여

For a Left Populism

FOR A LEFT POPULISM

좌파 포퓰리즘을 위하여
For a Left Populism

샹탈 무페 지음

이승원 옮김

문학세계사

좌파 포퓰리즘을 위하여

초판 1쇄 발행 2019년 2월 5일
초판 3쇄 발행 2022년 3월 7일

지은이 샹탈 무페
옮긴이 이승원
펴낸이 김종해

펴낸곳 문학세계사
주소 서울시 마포구 신수로 59-1, 2층
전화 02-702-1800
팩스 02-702-0084
이메일 mail@msp21.co.kr
홈페이지 www.msp21.co.kr
페이스북 www.facebook.com/munsebooks
출판등록 제21-108호(1979. 5. 16)

값 13,000원
ISBN 978-89-7075-901-2 03330

이 책은 2014년도 정부재원(교육부)으로 한국연구재단 한국사회과학연구사
업(SSK)의 지원을 받아 연구되었음(NRF-2104SIA3A2044551)

에르네스토에게

인간이 운명을 도울 수는 있으나 방해할 수는 없다. 인간은 운명의 구도에 따라 부딪혀 나갈 수는 있지만 그것을 파괴할 수는 없다. 그렇다고 인간은 아주 패배한 것처럼 체념할 필요는 없다. 왜냐하면 인간은 운명의 목적을 알지 못하고 운명 또한 구부러진 미지의 길을 따라 움직이므로, 인간은 어떠한 운명이나 어떠한 고난에 처해 있든지 항상 희망을 품어야 하고 절망해서는 안 되기 때문이다.

——니콜로 마키아벨리Niccolò Machiavelli, 『로마사 논고』Discourse on Livy[1] 중

1. 니콜로 마키아벨리, 강정인 외 역, 『로마사 논고』, 한길사, 2003, 389쪽

차례

머리말

이 책을 쓰게 된 것은 '포퓰리즘 계기'가 드러내는 현재 정세의 본질과 도전을 좌파가 시급하게 이해해야 한다는 확신 때문이었다. 우리가 목격하고 있는 것은 신자유주의 헤게모니 구성체의 위기이며, 이 위기는 현 민주주의 질서를 보다 더 민주적으로 만들 수 있는 가능성을 열어 주고 있다. 이 기회를 놓치지 않기 위해 우리는 지난 30년 동안 진행되어 온 전환들의 본질과 이 전환들이 민주주의 정치에 끼친 결과를 받아들여야 한다.

나는 수많은 사회주의 정당과 사회민주주의 정당들이 혼란에 빠져 있다고 확신한다. 왜냐하면 이 정당들은 정치에 대한 부적절한 사고에 집착해 왔기 때문이나. 나는 오랫동안 깊은 성찰 속에서 이러한 부적절한 사고를 비판해 왔다. 이 비판은 에르네스토 라클라우Ernesto Laclau와 함께 쓰고 1985년에 출판된『헤게모니와 사회주의적 전략: 급진민주주의 정치를 향하여』에서 시작되었다.

우리가 이 책을 쓰게 된 이유는 마르크스주의와 사회민주주의 모두가 보여 준 좌파 정치의 무능함 때문이었다. 이 무능함이란 1968년의 봉기revolts가 시작될 때 출현하여 여러 지배 형태에 저항하면서, 계급 용어로는 정식화될 수 없는 일련의 운동들을 제대로 설명하지 못한 좌파 정치의 무능력이었다. 이 운동들이 만들어 낸 페미니즘의 두 번째 물결, 게이 운동, 반인종주의 투쟁들, 그리고 환경을 둘러싼 쟁점들은 당시 정치적 풍경을 근본적으로 바꾸었다. 하지만 전통적 좌파 정당들은 이러한 운동들의 다양한 요구들을 인정할 수 없었고, 그 정치적 특징도 받아들이지 못했다. 우리가 이러한 상황에 대한 원인을 연구하기로 결정한 것은 전통적 좌파 정당들의 약점들을 치유하려는 생각에서였다.

곧바로 우리는 좌파적 사고를 지배하고 있는 본질주의 관점이 좌파가 극복해야 할 장애물이라는 것을 알게 되었다. 우리가 '계급 본질주의'class essentialism라고 부른 이 관점에 따르면, 정치적 정체성은 생산과 관련된 사회적 행위자들의 위치에 대한 표현이었고, 이 행위자들의 이해관계는 이 위치에 의해 규정되었다. 이 관점은 '계급'에 기초하지 않은 요구들을 이해할 수 없었으며, 이는 그다지 놀라운 일이 아니었다.

『헤게모니와 사회주의적 전략』의 중요한 부분은 이러한 본질주의적 접근 방식을 거부하는 것에 할애되었으며, 이것은 탈구조주의post-structuralism에서 나온 통찰을 활용했다. 여기에 안토니오 그람시Antonio Gramsci의 통찰을 결합하면서, 우리는 서로 다른 다양한 지배 형태들에 대항하는 수많은 투쟁들을 파악하는데 적합한 대안으로 '반본질주의적' 접근 방식을 발전시켰다. 우리는 이 투쟁들이 서로 접합되는 것을 정치적으로 표현하기 위해, 사회주의적 기획을 '민주주의의 급진화'의 관점에서 다시 정의할 것을 제안했다.

이러한 기획은 노동 계급의 요구를 새로운 사회 운동의 요구와 접합시키는 '등가사슬'을 설정하는 것이며, 이것은 그람시가 말한 '확장적 헤게모니'expansive hegemony를 창출하는 '공통 의지'common will를 구성하기 위한 것이었다. 우리는 좌파의 기획을 '급진 다원 민주주의'와 관련지어 재정식화하면서, 해방을 향한 여러 투쟁들이 사회적 행위자들과 이들의 투쟁이 가진 다원성에 토대를 둔다는 것을 확인하였다. 그리고 우리는 좌파 기획을 민주주의 혁명이라는 더 넓은 영역에 기입했다. 따라서 사회적 갈등이 전개되는 장은 노동 계급과 같이 '특권을 가진 행위자'에 집중되지 않은 채 확장되었다.

분명, 우리가 제기한 주장에 대한 솔직하지 못한 몇몇 독해와는 반대로, 우리 작업은 노동 계급의 요구들을 버리고 새로운 사회 운동의 요구들에 특권을 부여하는 것을 의미하지 않는다. 우리가 강조한 것은 특정한 투쟁에 선험적인 중심성을 부여하지 않으면서 여러 다른 종속 형태에 관한 투쟁들을 접합하는 좌파 정치가 필요하다는 것이었다.

우리는 또한 민주주의 투쟁들을 확장하고 급진화한다고 해서 완전히 해방된 사회를 성취할 수는 없으며, 해방적 기획이 더 이상 국가의 폐지로 간주될 수 없음을 지적했다. 적대, 투쟁, 그리고 사회적인 것의 부분적 불투명성은 언제나 존재하게 된다. 이것이 공산주의라는 투명하고 조화로운 사회에 대한 신화—분명 정치의 종말을 암시하는—가 버려져야 하는 이유인 것이다.

『헤게모니와 사회주의 전략』은 제2차 세계대전 이후 세워진 사회민주주의 헤게모니 구성체의 위기가 드러나는 정세에서 씌어졌다. 당시 사회민주주의 가치들은 신자유주의 공세에 의해 도전받고 있었다. 하지만, 이 가치들은 여전히 서유럽의 상식을 형성하는 데 영향을 끼치고 있었기 때문에, 우리 목표는 어떻게 이 사회민주주의 가치들을 지키고 급진화할 것인가를 예측해 내는 데 있었다. 유감스럽게

도, 『헤게모니와 사회주의 전략』의 2판이 세상에 나온 2000
년에, 우리는 새롭게 쓰인 머리말에서 책이 첫 출간된 이
후 15년 동안 심각한 퇴행이 생겨났음을 지적했다. '현대
화'modernization라는 구실 아래 점점 더 많은 사회민주주의
정당들이 '좌파' 정체성을 내던져 버렸으며, 스스로를 '중도
좌파'라는 완곡한 이름으로 다시 정의했다.

　나는 2005년에 출간한『정치적인 것에 대하여』를 통해 영
국에서 안소니 기든스Anthony Giddens가 이론화했고, 토니
블레어Tony Blair와 그가 이끄는 신노동당New Labour Party이
실행했던 '제3의 길'의 영향을 연구했다. 이 책에서 내가 분
석했던 것이 바로 이 새로운 국면이었다. 당시 새로운 중도
좌파 정부는 'TINA'There Is No Alternative라는 약어로 잘 알려
진 '신자유주의 지구화에 대한 대안은 없다'라는 절대적 믿
음을 중심으로 마거릿 대처Margaret Thatcher가 만들어 낸 헤
게모니 지형을 수용했다. 이에 대해 스튜어트 홀Stuart Hall은
'신자유주의의 사회민주주의적 판본'이라 불리며 실행된 것
이 어떻게 종말을 고했는지 보여 주었다. 당시 소위 '급진 중
도'는 정치의 대적자adversarial 모델과 좌파/우파의 대결이
한물갔다고 주장하면서, 중도우파와 중도좌파 사이 '중도에
서의 합의'를 찬양했다. 그 결과 급진 좌파는 정치란 당파적

대립이 아니라 공공 사무에 대한 중립적 관리라는 생각에 따라 정치를 기술관료적technocratic 형태로 조장해 버린 것이다.

토니 블레어는 '선택은 좌익적 경제 정책과 우익적 경제 정책 사이에 있는 것이 아니라, 좋은 경제 정책과 나쁜 경제 정책 사이에 있다'고 말하곤 했다. 결국 신자유주의 지구화는 우리가 받아들여야만 하는 운명으로 이해되었으며, 정치적 질문들은 단지 전문가들에 의해서 다루어지는 기술관료적 쟁점으로 축소되었다. 시민들이 다양한 정치 기획들 사이에서 실제 선택을 할 수 있는 공간이 사라지면서 시민들의 역할은 그저 전문가들이 고안한 '합리적' 정책들을 승인하는 데 그치고 말았다.

이와 같은 상황을 성숙한 민주주의를 위한 진전이라고 표현한 사람들과는 달리, 점차 증가하는 선거 불참에서 드러나듯이 나는 이 '탈정치적'post-political 상황을 민주주의 제도들에 대한 불만이 형성되는 과정의 시작이라고 주장했다. 또한 나는 기성 엘리트들에 의해 빼앗긴 목소리를 대중에게 되돌려 준다며 대안을 제시하는 척하는 우파 포퓰리즘 정당의 두드러진 성공에 대해서도 경고했다. 나는 가능한 대안에 관한 '경합적'agonistic 논쟁의 조건을 만들어 내기 위해서는 탈정치적 합의와 결별하고 정치의 당파적 성격을 재확인할 필요가 있다고 주장해 왔다.

이제야 깨달았지만, 당시 나는 여전히 『헤게모니와 사회주의적 전략』에서 옹호하였던 민주주의의 급진화 전략을 실행하기 위해 사회주의 정당들과 사회민주주의 정당들이 변할 수 있다고 생각하고 있었다.

분명 이와 같은 변화는 일어나지 않았으며 대부분 서유럽 민주주의 나라에서 사회민주주의 정당은 쇠락의 길에 들어섰다. 반면 우파 포퓰리즘은 의미심장하게 정당 정치 진입에 성공하게 되었다. 그러나 2008년 경제 위기는 신자유주의 모델의 모순을 드러냈고, 오늘날 신자유주의 헤게모니 구성체는 좌파와 우파 모두가 보여 준 다양한 반체제 운동들에 의해 의문시되고 있다. 이것이 이 책에서 면밀하게 조사하면서 내가 '포퓰리즘 계기'라고 부르게 될 새로운 국면이다.

이 책에서 주장하는 핵심은 헤게모니적 위기에 개입하기 위해서는 정치적 경계를 반드시 설정해야 하며, '대중'과 '과두 세력' 사이에 정치적 경계를 구성하는 담론 전략인 좌파 포퓰리즘이 현 국면에서 민주주의의 회복과 심화를 위해 필요한 정치 유형을 반드시 만들어 내야 한다는 것이다.

『정치적인 것에 대하여』를 썼을 때, 나는 좌파/우파 경계의 부활을 제안했다. 하지만 지금 나는 전통적 방식으로 설정된 이런 경계가 현재 다양한 민주주의 요구를 포괄하는 집합 의지와 접합되기에는 적절치 않다고 확신한다. 포퓰리즘 계기란 일련의 서로 다른 요구들의 표현이며, 이것은 이미 정해진 사회적 범주들과 연관된 이해관계 측면에서 쉽게 정식화될 수 없다. 또한, 신자유주의 자본주의에서는 새로운 종속 형태들이 생산 과정 바깥에서 출현해 왔다. 이 새로운 종속 형태들은 사회학 용어나 사회 구조 속 위치에 의해 규정되는 사회적 부문들과는 더는 조응하지 못하는 요구들을 발생시켜 왔다. 이런 새로운 요구들에 대한 주장들은—환경 보호, 성차별주의, 인종주의, 그리고 모든 형태의 지배에 대항하는 투쟁들—점점 많은 주목을 받게 되었다. 이것이 오늘날 정치적 경계가 왜 '포퓰리즘 방식으로' 경계를 넘나들면서 구성되어야 하는지에 대한 이유이다. 그럼에도 불구하고, 또한 나는 '포퓰리즘 방식'이라는 차원만으로는 현 국면이 요구하는 정치 유형을 구체적으로 표현하기에는 충분하지 않다고 주장할 것이다. 이 포퓰리즘이 추구하는 가치들을 지칭하기 위해서는 포퓰리즘이 '좌파' 포퓰리즘이라는 자격을 갖출 필요가 있다.

좌파 포퓰리즘 전략은 우리가 사는 사회들에 대한 정치적 상상imaginary에서 민주주의 담론이 지니는 중요한 역할을 인정하고, 헤게모니적 기표로서의 민주주의를 중심으로 종속에 대항하는 다양한 투쟁들 사이에서 등가사슬을 만들어 내야 한다. 이때 좌파 포퓰리즘 전략은 많은 사람들의 열망에 반향을 일으킬 수 있다. 앞으로 다가올 몇 년 동안 정치적 갈등의 중심축은 우익 포퓰리즘과 좌익 포퓰리즘 사이에서 생겨날 것이다. 그리고 결과적으로, 우익 포퓰리즘에 의해 조장된 외국인 혐오 정책들과의 싸움은 '대중', 즉 평등과 사회 정의의 방어에 담긴 공동의 정동affects을 끌어들이면서 비롯되는 집합의지를 통해서 가능하게 될 것이다.

　정치적 경계를 다시 새롭게 만들어 내면서, '포퓰리즘 계기'는 오랜 탈정치 시기를 지나 '정치적인 것의 귀환'을 가리킨다. 이 귀환은―자유민주주의 제도들을 약화시키는 레짐regime을 통해―권위주의적 해결의 길을 열 수도 있지만, 민주주의 가치들을 다시 확인하고 확장시킬 수도 있다. 모든 것은 현재 민주주의 요구들, 그리고 탈정치에 맞선 투쟁에서 이겨내면서 발생하는 포퓰리즘의 유형들을 어떤 정치 세력이 성공적으로 헤게모니화하는가에 달려 있다.

1
포퓰리즘 계기

　먼저 나는 이미 과도하게 부풀려진 '포퓰리즘 연구' 분야를 또다시 부풀리려는 것이 아니며, 포퓰리즘의 '참된 본질'이 무엇인가라는 아무 소득 없는 학문적 논쟁에 끼어들 의지도 전혀 없다는 것을 밝힌다. 이 책은 정치적 개입을 의미하며, 솔직히 당파적인 특징을 가지고 있다. 나는 내가 이해하고 있는 것을 '좌파 포퓰리즘'이라 정의할 것이며, 현재 국면에서 민주주의 정치를 구성하는 평등과 포퓰리즘적 주권에 대한 최상의 상태를 발견하고 심화시킬 수 있는 적절한 전략을 이 좌파 포퓰리즘이 제공한다고 주장할 것이다.

　정치 이론가로서, 내가 좌파 포퓰리즘을 이론화하는 방식은 마키아벨리N. Machiavelli에게서 영향을 받았다. 알튀세L. Althusser가 상기시켰듯이, 마키아벨리는 '국면을 가로질러' 성찰하기보다, 언제나 자신을 '국면 안에' 두었던 사람이다. 마키아벨리의 사례를 따라, 나는 서유럽 국가들 내부에서 우리가 최근 목격하고 있는 '포퓰리즘 계기'에 담긴 마키아벨리가 말한 **사물의 실제 진리**verita effetuale de la cosa를 찾으면서, 내 성찰을 어느 한 특정 국면에 기입할 것이다. 나는 내 분석을 서유럽에 한정시킨다. 왜냐하면 포퓰리즘에 관한 질문은 분명 동유럽과도 연관되어 있지만, 이 국가들은 또 다른 특별한 분석이 필요하기 때문이다. 동유럽 국가들은 공산주의 체제 아래에서의 고유한 역사적 성격을 가지며, 서유럽과는 다른 정치 문화적 특징을 보이고 있다. 라틴아메리카에서 나타난 다양한 포퓰리즘들 또한 그 나름의 고유한 특징을 보이고 있다. 다양한 포퓰리즘들 사이에 '가족유사성'family resemblances이 있긴 하지만, 이 포퓰리즘들은 그것을 특징짓는 국면과 결합되어 있기 때문에 각각의 포퓰리즘마다 다양한 맥락에서 이해되어야 한다. 서유럽 국면에 대한 내 성찰이 다른 포퓰리즘 상황들을 다루는데 몇 가지 쓸모 있는 통찰력을 제공하기를 희망한다.

내 목적은 정치적인 것이긴 하지만, 내 성찰의 중요한 부분은 이론적인 본질을 다룬다. 내가 옹호하려는 좌파 포퓰리즘 전략은 사회란 언제나 분화되고 헤게모니 실천을 통해 담론적으로 구성된다고 주장하는 반본질주의 이론의 영향을 받기 때문이다. '좌파 포퓰리즘'을 다루는 많은 비평들은 이 이론적 접근에 대한 이해가 부족하다. 따라서, 이 부분을 여기서 명쾌히 다루는 것이 중요하다. 나는 내 주장의 몇몇 부분에서 반본질주의적 접근의 중심 원리들에 대해 언급할 것이며, 보다 깊은 설명은 이 책의 후반부에서 별도로 다룰 예정이다.

모든 혼란을 해소하기 위해서, 나는 내가 이해하는 '포퓰리즘'을 명시하면서 시작하도록 하겠다. 나는 현 상태의 유지status quo에 반대하는 모든 사람을 깎아내리기 위해 미디어가 이 용어에 부여해 온 경멸적인 의미를 제거하고, 에르네스토 라클라우Ernesto Laclau가 발전시킨 분석적 접근을 따를 것이다. 이 방식은 내가 특별히 유익하다고 생각하는 방식을 통해 포퓰리즘에 관한 질문을 다루도록 하기 때문이다.

라클라우는 자신의 책 『포퓰리즘 이성에 대하여』On Populist Reason에서, 사회를 두 진영으로 분리하는 정치적 경계를 구성하고, '권력자들'에 맞선 '패배자들'의 동원을 위한 담론 전략으로 포퓰리즘을 정의한다.[2] 포퓰리즘은 이데올

2. Ernesto Laclau, *On Populist Reason,* (New York and London: Verso, 2005).

로기가 아니며 그 속성으로 특별히 프로그램화된 내용을 가지고 있을 수도 없다. 포퓰리즘은 정치 레짐political regime도 아니다. 포퓰리즘은 시간과 장소에 따라 다양한 이데올로기 형태를 취할 수 있고, 여러 제도적 틀과 적절히 결합될 수 있는 정치 활동doing politics 방식인 것이다. '포퓰리즘 계기'는 빠르게 증가하는 불만족스러운 요구들로 인해, 정치적 혹은 사회경제적 전환에 대한 압박에 처한 지배 헤게모니가 불안정해진 때이다. 이런 상황에서 기존 제도들은 기존 질서를 지키면서 대중들이 계속해서 이것들을 따르도록 지켜내는 데 실패하게 된다. 결국 헤게모니 구성체의 사회적 기반을 제공하는 역사적 블록은 틀어지게 되고, 불의한 것으로 경험된 집합 행동을 통해 사회질서를 재배열할 수 있는 새로운 주체—대중—를 구성하는 가능성이 발생하게 된다.

이는 엄밀하게 말해서 이것이 현재 우리의 국면을 특징짓고 있으며, 이 특징 때문에 이 국면을 '포퓰리즘 계기'라고 부르기에 시의적절하다는 것이다. 이 포퓰리즘 계기는 1980년대 서유럽에서 점진적으로 시행되어 온 신자유주의 헤게모니 구성체의 위기에 대한 신호를 보내고 있다. 이 신자유주의 헤게모니 구성체는 제2차 세계대전이 끝난 직후 30년 동안 서유럽 민주주의 국가들에 주요한 사회경제적 모델을 제공한 케인즈식 사회민주주의 복지국가를 대체했다. 이 새로운 신자유주의 헤게모니 구성체의 핵심은 시장 원칙—탈규제, 민영화, 재정 긴축—을 부과하고 국가의 역할을 사유재산권, 자유시장과 자유무역의 보호로 한정짓는 데 목표를 둔 정치경제적 실천들이다. 신자유주의는 오늘날 경제 범위를 훨씬 넘어서서, 소유적 개인주의possessive individualism 철학에 기반을 둔 사회와 개인에 대한 모든 구상을 의미하는 새로운 헤게모니 구성체를 지칭하는 용어이다.

1980년대 이래로 많은 나라에서 시행된 이 모델은 2008년 금융위기 전까지는 커다란 도전에 직면하진 않았다. 2008년이 되면서 바로 이 모델은 그 한계를 심각하게 드러내기 시작했다. 2007년 미국에서 비우량 신용대출 시장subprime mortgage market이 몰락하면서 시작된 이 위기는 그 다음해에 투자 은행인 리만 브라더스Lehman Brothers의 과실로 인해 국제 금융위기로 확산되어 버렸다. 세계 금융 시스템의 실패를 지연시키기 위해 금융 기관에 막대한 긴급 구제를 착수해야 했다. 뒤따른 세계 경제 하락은 유럽의 여러 국가 경제에 심각한 영향을 미쳤으며, 유럽 채무 위기를 촉발했다. 이 위기에 대처하기 위해 대부분의 유럽 국가들, 특히 남유럽 국가들은 극단적인 긴축 정책을 펼쳤다.

경제 위기 때에는 일련의 모순들이 응집되는데, 이것은 그 람시A. Gramsci가 '인터레그넘'interregnum이라 부르는 상태로 나가게 된다. 인터레그넘이란 헤게모니 기획을 중심으로 설 정된 몇몇 합의들이 도전받는 기간이다. 위기에 대한 해법이 아직 눈에 보이지 않게 되는데, 이는 오늘날 우리 스스로 자 각하게 되는 '포퓰리즘 계기'의 특징이 된다. 따라서 '포퓰리 즘 계기'는 신자유주의 헤게모니 시대에 보인 정치적이고 경 제적인 전환들에 대한 다양한 저항의 표현이다. 이 전환들 은 평등과 대중주권popular sovereignty이라는 민주주의 이상 의 두 축이 침식되는 상태를 지칭하는 '포스트 민주주의'post-democracy라 불리는 상황으로 이어졌다. 나는 이러한 침식이 발생하게 된 계기를 설명할 것이다. 하지만, 그 전에 '포스트 민주주의'가 무엇을 의미하는지 살펴보는 것이 중요하다.

콜린 크라우치Colin Crouch가 처음 제시한 '포스트 민주주 의'란 신자유주의 지구화의 결과라 할 수 있는 의회의 역할 축소, 그리고 주권 상실의 상황에 대한 신호라 할 수 있다. 크라우치는 다음과 같이 설명하고 있다.

나는 앞서의 논의를 통해 현대 정치에서 민주주의가 쇠락하 게 된 근본적인 원인을 보이려고 노력했다. 그것은 바로 기업

이익을 추구하는 세력과 나머지 모든 집단 사이에서 나타난 커다란 힘의 불균형이다. 민주주의의 불가역적인 엔트로피를 따라가 보면 또다시 정치가 민주주의 이전 시대의 폐쇄된 엘리트들의 일이 되어 가고 있다.[3]

자끄 랑시에르Jacques Rancière 또한 이 용어를 사용하는데, 그는 이 용어를 다음과 같이 정의한다.

포스트 민주주의는 데모스 이후의 민주주의, 곧 인민의 출현(외양)과 계산 착오, 계쟁係爭을 청산하고 따라서 국가 장치와 사회적 에너지 및 이해관계의 합성의 작용jeu으로만 환원된 민주주의의 실천이자 개념적 정당화이다.[4]

나는 위 두 가지 정의에 대해 반대하지 않지만, 이 용어를 조금은 다르게 사용하고 있다. 그 이유는 내가 자유민주주의

---

3. Colin Crouch, *Post-Democracy,* (Cambridge, UK: Polity, 2004), p. 104.
   콜린 크라우치, 2008, 『포스트 민주주의: 민주주의 시대의 종말』 이한 옮김, 미지북스, 173쪽.
4. Jacques Rancière, *Disagreement: Politics and Philosophy*, trans. Julie Rose, (Minneapolis: University of Minnesota Press, 1999), p. 102.
   자크 랑시에르, 2015, 『불화: 정치와 철학』 진태원 옮김, 길, 163쪽.

의 본질에 대한 성찰을 통해서, 신자유주의가 가진 또 다른 특질을 전면에 드러내고자 하기 때문이다. 잘 알려진 바대로, 어원학적으로 말하자면, '민주주의'는 그리스어 demos/kratos에서 기원한다. 이 의미는 '대중의 권력'을 의미한다. 그러나 유럽에서 민주주의를 말할 때, 우리는 구체적인 모델을 언급하게 된다. 그것은 민주주의 원리를 특수한 역사적 맥락에 새겨 넣는 작업을 통해 발생하는 서구의 모델로 다양한 이름을 가지고 있다. 대의민주주의, 입헌민주주의, 자유민주주의, 다원 민주주의와 같이 말이다.

이 모든 경우에, 문제가 되는 것은 서로 다른 두 전통의 접합을 통해 특징지어지는 정치 레짐이다. 두 전통 중 하나는 법의 지배, 권력 분립, 개인의 자유 보호와 같은 정치적 자유주의 전통이고, 다른 전통은 평등과 대중주권이 중심 사상인 민주주의 전통이다. 이 두 전통 사이에는 필연 관계가 아니라, 오직 우연적인 역사적 접합만이 존재할 뿐이다. 이 우연적인 역사적 접합은 CB 맥퍼슨CB Macpherson이 설명하듯이, 절대주의에 맞선 자유주의자들과 민수수의사들의 공동 투쟁을 통해 발생했다.[5]

칼 슈미트Karl Schumitt와 같은 학자들은 자유주의와 민주주의가 서로를 부정하기 때문에 이러한 접합은 실패할 수밖에 없는 체제를 만들게 되었다고 단언한다. 위르겐 하버마스Jürgen Habermas를 따르는 학자들은 자유와 평등 두 원리의 '동시성'co-originality을 주장한다. 보편성과 '인간성'을 중요한 근거로 여기는 자유주의 '문법', 그리고 대중의 구성과 함께 '우리'와 '그들' 사이의 경계를 둘 것을 요구하는 민주적 평등의 '문법' 사이에 존재하는 갈등을 지적하는 슈미트는 분명 옳다. 그러나 나는 슈미트가 이 갈등을 필연적으로 다원적 자유민주주의를 자기 파괴로 이끌어 버리는 모순으로 표현하는 데에는 잘못된 판단을 했다고 생각한다.

『민주주의의 역설』Democratic Paradox에서 나는 역설적 배열 위에서 이루어진—궁극적으로는 정말로 화해할 수 없는—이 두 전통의 접합을 **긴장의 장소**the locus of tension로 구상했다.[6] 이 장소는 자유민주주의의 고유성을 정치 공동체의 한 형태인 **정치체**politeia로 규정하고, 정치체의 다원적 특징을 보장한다. **데모스**demos를 정의하고, 자유주의 담론이 가

---

5. C.B. Macpherson, *The Life and Times of Liberal Democracy*, (Oxford: Oxford University Press, 1977).
   C.B. 맥퍼슨, 1984, 『자유민주주의의 발전과정』, 김규일 편역, 양영각.
6. Chantal Mouffe, *The Democratic Paradox*, (New York and London: Verso, 2000).
   샹탈 무페, 2006, 『민주주의의 역설』, 이행 옮김, 인간사랑.

진 추상적 보편주의에 대한 경향성을 전복시키기 위해서는 대중을 구성하고 평등주의적 실천을 수호하는 민주주의 논리가 반드시 필요하다. 하지만 민주주의 논리를 자유주의 논리와 접합할 할 때 우리는 통치 대중을 결정하는 정치적 실천에 본질적으로 담겨 있는 배제의 형식들에 도전하게 된다.

민주적 자유주의 정치는 이 구성적 긴장이 가진 여러 다른 헤게모니적 배열들 간의 끊임없는 협상 과정이다. 이 긴장은 좌우 세력 사이 경계를 따르는 정치적 용어로 표현되는데, 정치 세력들 사이의 실용적 협상들을 통해 일시적으로 안정될 수 있을 뿐이다. 이 협상들은 언제나 둘 중 하나가 상대에 대한 헤게모니를 가질 수 있도록 한다. 자유민주주의의 역사를 다시 보게 되면, 우리는 어떤 경우에는 자유주의 논리가 우세하고, 또 어떤 경우에는 민주주의 논리가 우세하다 것을 발견하게 된다. 그럼에도 불구하고 이 두 논리는 힘을 가지고 있었으며, 언제나 좌우 세력 사이 '경합적' 협상' 가능성이 작동하고 있었다.

위 사안들은 오직 정치 레짐으로 그려지는 자유민주주의만을 고려한다. 하지만, 이 레짐의 정치적 제도들이 결코 경제 시스템에 각각 각인된 채 독립해서 존재하지 않는다는 것은 분명하다. 예를 들어, 신자유주의의 경우 우리는 자유주의의 독특한 형태와 금융자본주의를 접합시키는 사회 구성체를 다루고 있다. 비록 이 접합은 구체적인 사회 구성체를 연구할 때 고려되어야 하지만, 자유민주주의 레짐이 가진 일부 특징들을 전면에 내세우기 위해, 사회의 정치 형태로서 자유민주주의 레짐의 진화를 분석 수준에서 검토하는 것은 가능하다.

현 상태는 '포스트 민주주의'로 묘사될 수 있다. 왜냐하면, 자유민주주의를 구성하는 자유주의와 민주주의 원리들 사이의 경합적 긴장이 최근 몇 년 동안 신자유주의 헤게모니가 만든 결과에 의해 제거되어 왔기 때문이다. 평등과 대중 권력이라는 민주주의 가치들의 종말과 함께, 사회의 여러 다른 기획들이 서로 대결할 수 있는 경합적 공간들은 사라져 버렸고, 시민들은 자신들의 민주주의 권리를 시행할 가능성을 박탈당해 버렸다. 틀림없이 '민주주의'는 여전히 회자되고 있지만, 자유주의적 내용들로 축소되면서 그저 자유선거 시행과 인권 수호만을 의미하고 있을 뿐이다. 자유시장을 수호하는 경제적 자유주의가 점점 중심을 차지하고 있고, 정치적 자유주의의 다양한 측면들은 제거되어 버리거나 뒷자리로 떠밀려져 나가게 되었다. 이것이 내가 '포스트 민주주의'라고 의미하는 바이다.

정치 무대에서, 포스트 민주주의로 나아가는 것은 내가 『정치적인 것에 대하여』에서 '탈정치'post-politics라고 제안했던 것을 통해 분명해졌다. 탈정치란 좌우 세력간의 정치적 경계가 흐릿하게 되는 것이다.[7] 지구화가 강요한 '근대화'라는 명목 아래, 사회민주주의 정당들은 금융자본주의의 **강제적 명령들**diktats, 그리고 이 명령들이 국가 개입과 재분배 정책에 부여한 제약들을 수용해 왔다.

결과적으로 정치적 결정에 시민들이 영향력을 행사하도록 해온 의회와 제도들의 역할은 급속히 축소되었다. 선거는 전통적인 유권자들이 '통치 정당들'을 통해 실제 선택지들을 결정할 수 있는 기회를 더 이상 제공하지 않는다. 탈정치 속에서 유일한 것은 중도우파와 중도좌파 정당들 사이 양당 교체일 뿐이다. '중도적 합의', 그리고 신자유주의 지구화에 대한 대안은 없다는 신조에 반대하는 모든 사람들은 '극단주의자'extremists로 보이거나 '포퓰리스트'로서 정치적으로 실격하게 된다.

따라서 정치는 기성 질서, 전문가들을 위해 예비된 영역

7. Chantal Mouffe, *On the Political,* (Abingdon, UK: Routledge, 2005).

의 유지라는 단순한 의제가 되었고, 대중주권은 한물간 구닥다리로 여겨지게 되었다. 민주주의 이상의 근본적인 상징의 두 축 중 하나인 대중 권력은 그 기반이 약해졌다. 왜냐하면, 탈정치가 대중주권 시행을 위한 핵심 조건인 사회의 여러 다른 기획들간 경합적 투쟁의 가능성을 제거해 버렸기 때문이다.

포스트 민주주의의 조건을 파악하고자 할 때 탈정치 다음으로 고려해야 할 또 다른 것은 점차 커지고 있는 서구 사회의 '과두제화'oligarchization이다. 정치 수준에서의 변화는 금융 자본이 장악하고 있는 새로운 자본주의 조절 양식에서 발생해 왔다. 경제가 금융화되면서, 생산적 경제 비용에서 금융 부문이 엄청나게 팽창했다. 이것은 우리가 최근 몇 년간 목격해 온 불평등의 기하급수적인 증가를 불러왔다.

민영화와 탈규제 정책은 노동 조건을 심각하게 악화시키는 데 기여했다. 탈산업화, 기술 변화의 촉진, 저임금 국가로의 산업 재편 등 복합적인 영향으로 많은 사람이 일자리를 잃어버렸다. 2008년 위기 이후에 강제된 긴축 정책은 다수의 중산층에게도 큰 영향을 끼쳤다. 이들은 궁핍해지고 불안정한 노동자가 되기 시작했다. 이 과두제화 과정이 진행된 후, 민주주의 이상의 다른 한 축인 평등의 수호조차 자유민주주의 담론에서 제거되어 버렸다. 현재 통치하는 것은 소비 사회를 칭송하는 개인주의적 자유주의 전망과 시장이 제공하는 자유인 것이다.

'포퓰리즘 계기'가 파악되어야 하는 지점은 바로 대중주권과 평등이라는 민주주의 이상이 침식되고 있는 포스트 민주주의의 상태이다. 이는 점차 다른 집단들의 요구에 귀를 막고 있는 특권적 엘리트들이 통제하는 정치 경제 시스템에 맞선 수많은 저항의 출현으로 특징지어진다. 포스트 민주주의 합의에 맞선 대부분의 정치적 저항은 처음에는 우익들에게서 시작했다. 1990년대 오스트리아 자유당FPÖ과 프랑스 국민전선The Front National과 같은 우파 포퓰리즘 정당들은 엘리트들에 의해 박탈당해 온 목소리를 자신들이 '대중'에게 되돌려줄 것을 목표로 삼고 있다고 선전했다. 이 우파 포퓰리즘 정당들은 '대중'과 '기성 정치권' 사이 경계를 설정하면서, 지배 합의로부터 배제되었다고 느끼는 대중적 요구들을 민족주의적 언어로 해석해 냈다.

예를 들어, 외르크 하이더Jörg Haider가 오스트리아 자유당을 '대연정'에 맞선 저항 정당으로 전환한 방식이었다. 그는 대중주권이라는 테마를 동원하면서, 진정한 민주주의 논쟁을 지연시켜 온 엘리트들끼리 연정을 통해 오스트리아를 통치하

는 방식에 대해 점점 커지는 저항들을 접합시켜 나갔다.[8]

  이전부터 다양한 반지구화 운동들을 통해 좌파 급진화의 신호들을 보여 주고 있었던 정치적 전경political panorama이 2011년에 크게 바뀌었다. 긴축 정책이 많은 사람의 생계 조건에 영향을 미치기 시작하자, 유럽 여러 나라에서 대중 저항들이 크게 일어나기 시작했고, 탈정치적 합의가 흔들리게 된 것이다. 그리스에서는 아카낙티스메노이[9]Aganaktismenoi, 권한을 가진 자들, 스페인에서는 15-M 인디그나도스Indignados, 분노한 자들들이 '지금 바로 민주주의를!'Democracy Now!을 외치면서 광장을 점거했다. 그들의 광장 검거는 미국에서 시작해서 유럽의 여러 도시 특히 런던과 프랑크푸르트에서 확실히 보여 주었던 점거 운동the Occupy Movement를 따랐다. 보다 최근인 2016년에는 프랑스에서 펼쳐진 뉘 드부Nuit Debout 운동은 '광장 운동'이라 불리는 위와 같은 저항의 또

---

8. 「The "End of Politics" and the Challenge of Right-Wing Populism」에서, 나는 외르크 하이더가 이끄는 오스트리아 자유당의 성장을 분석했다. 프란시스코 파니짜Francisco Panizza가 편집한 *Populism and the Mirror of Democracy*(New York and London: Verso, 2005), pp. 50~71을 보라.

9. 원본에는 Aganakitsmenoi로 여기에서는 오타 표기됨. 아카낙티스메노이는 "Κίνημα Αγανακτισμένων Πολιτών: Empowered Citizens Movement"를 의미함. 이는 스페인을 시작으로 유럽 전역으로 확대된 '분노한 자들의 운동Indignant Citizens Movement'과 그 흐름을 같이 한다고 볼 수 있음. (옮긴이 주)

다른 모습이었다.

이 저항들은 상대적으로 무관심했던 지난 세월을 보낸 후 나타난 정치적 각성의 신호였다. 그러나 이 수평주의 운동 horizontalist movements은 정치 제도와의 결합을 거부하면서 그 영향력을 스스로 제한하게 되었다. 또한 이 저항들은 제도 정치와의 아무런 접합도 없이 자신들의 동력을 잃어가기 시작했다. 이와 같은 저항 운동들이 정치 의식을 전환하는 데 중요한 역할을 할 수 있었던 때는 오로지 분명한 결과를 만들어 온 정치 제도들과 결합할 준비가 되어 있는 조직화된 정치 운동을 따라왔을 때였다.

그리스와 스페인은 바로 우리가 민주주의의 회복과 심화를 목표로 하는 포퓰리즘의 한 형태를 시도하는 최초의 정치 운동을 목격한 현장이다. 그리스에서, 시리자Syriza—유로코뮤니즘 정당을 전신으로 하는 시나스피스모스Synapsismos를 중심으로 여러 좌파 운동 세력들의 연합을 통해 태어난 사회연합전선—는 의회 정치를 통해 신자유주의 헤게모니에 도전하는 새로운 급진 정당의 출현을 보여 주었다. 사회 운동 세력과 정당 정치 세력간의 시너지 효과를 만들어 가면서, 시리자는 다양한 민주주의 요구들을 하나의 집합 의지 속으로 접합시킬 수 있었으며, 이를 통해 시리자는 2015

년 1월 집권에 성공할 수 있었다.

불행히도, 시리자는 긴축 반대 프로그램을 독자적으로 수행할 수 없었다. 왜냐하면 유럽 연합이 '금융 쿠데타'로 맞불을 놓고, **트로이카**Troika[10]의 강제적 명령diktats를 시리자가 받아들이도록 인정사정없이 밀어붙였기 때문이었다. 이런 결과가 시리자의 집권으로 이끈 포퓰리즘 전략이 틀렸음을 입증하는 것은 아니다. 하지만, 이것은 분명 유럽 연합 회원국들이 신자유주의에 도전하는 정책을 실행하려는 시도들에 부여하는 규제에 관한 중요한 쟁점들을 보여주고 있다.

2014년 스페인에서 **포데모스**Podemos의 혜성같은 등장은 인디그나도스가 만들어 낸 지형의 이점을 취한 젊은 지식인 집단의 역할 때문에 가능했다. 이것은 이미 탈진해 버린 민주주의로 이행하는 과정에서 만들어진 합의형 정치consensual politics의 교착 상태를 깨뜨리려는 정당 운동의 탄생으로 이어졌다. 포데모스 전략은 '기성 엘리트'la casta와 '대중'people 사이에 경계를 설정하면서 대중적 집합 의지를 만드는 전략이었다. 이 전략은 우익 세력인 스페인 인민당Partido Popular을 정부에서 제거하려 하지 않았다. 그러나 포

---

10. '삼두마차'를 뜻하는 트로이카는 여기서 유럽연합(EU) 집행위원회, 유럽중앙은행(ECB), 국제통화기금(IMF)을 가리킨다. (옮긴이 주)

데모스 당원들은 국회에 입성할 수 있었고, 여기에서 상당
수의 우익 세력을 물러나게 할 수 있었다. 그 이후 포데모스
는 스페인 정치를 대표하는 중요한 세력이 되었고, 스페인
정치 지형을 크게 바꾸었다.

이와 비슷한 정치 발전이 유럽의 다른 나라에서도 나타
나기 시작했다. 독일에서는 좌파당Die Linke, 포르투갈에서
는 좌파블록Bloco de Esquerda, 그리고 프랑스에서는 장 뤼크 멜
랑숑Jean-Luc Mélenchon이 이끄는 '굴복하지 않는 프랑스'La
France Insoumise를 찾을 수 있다. '굴복하지 않는 프랑스'는 창
당 1년만인 2017년에 의회에서 17석을 획득했으며, 현재는
마크롱Emmanuel Macron 정부에 반대하는 대표적인 야당 세
력이다. 마침내 제레미 코빈Jeremy Corbyn이 이끄는 영국 노
동당에서도 2017년 6월 예상치 못했던 좋은 결과가 나왔다.
이는 여러 유럽 국가들에서 나타나는 새로운 급진주의의 또
다른 신호라 할 수 있다.

사회민주주의 정당들은 많은 국가에서 신자유주의 정책
추진에 중요한 역할을 해왔다. 하지만 현재 이 정당들은 포
퓰리즘 계기의 본질을 이해할 수도, 이 계기가 드러내는 도
전을 대면할 수도 없다. 이 사회민주주의 정당들은 탈정치
적 신조에 갇혀 있으면서 자신들의 실수를 인정하기를 주저

하고 있으며, 이들은 우파 포퓰리즘 정당들이 담고 있는 수많은 요구들이 진보적 해답이 필요한 민주주의 요구라는 것을 결코 깨닫지 못할 것이다. 상당수의 민주주의 요구들은 신자유주의 지구화가 만든 패배자들에게서 나오기 때문에, 신자유주의 기획이 이 패배자들을 만족시키는 것은 불가능하다.

물론 중도좌파 세력들을 위해서 우파 포퓰리즘 정당들을 '극우' 또는 '네오파시스트'로 분류하고, 그들의 호소 방식을 제대로 교육받지 못한 수준으로 돌리는 것이 편리한 방식일 수는 있다. 중도좌파가 우파 포퓰리즘 정당들의 출현에 대한 자신들의 책임을 인정하지 않고서 이 정당을 비하하는 것은 쉬운 방식이다. '민주주의 논쟁에서 '극단주의자들'을 배제하기 위해 '선한 민주주의자들'은 자신들이 '도덕적' 경계를 세워 나가면서, '비이성적인' 열정의 분출을 멈출 수 있다고 믿고 있는 것이다. 양당 합의에 대한 '적들'을 악마화하는 이런 전략은 도덕적으로는 위안이 되겠지만 정치적으로는 권력을 잃게 만드는 것이다.

우파 포퓰리즘 정당의 출현을 막는 데 필요한 것은 포스트 민주주의에 맞선 모든 민주주의 투쟁들을 연합시키는 좌파 포퓰리즘 운동을 통해서 적절한 정치적 대책을 구상하는 것이다. 우파 포퓰리즘 정당 지지 유권자들을 충동적인 욕정으로 움직이고, 그 욕정에 영원히 사로잡힌 자들로 몰아세우면서 이들을 미리a priori 배제하는 대신, 이들의 수많은 요구들 한 가운데 있는 민주적 핵심을 찾아내는 것이 반드시 필요하다.

좌파 포퓰리즘 접근은 이러한 요구들이 보다 더 평등주의적인 목표로 향할 수 있도록 다른 언어로 표현하는 법을 찾아야 한다. 이것은 우파 포퓰리즘 정당정치를 용납하라는 것이 아니라, 우파 포퓰리즘 정당 지지자들이 자신들의 요구를 우파 포퓰리즘 정당에 접합시킨 방식을 이 지지자들의 책임 탓으로 돌리지 말라는 것을 의미한다. 나는 저 반동적 가치에 아주 편안한 느낌을 가진 사람들이 있다는 것을 부정하진 않지만, 자신들의 문제에 신경 써주는 유일한 자들이 우파 포퓰리즘 정당들뿐이라고 느끼기 때문에 이 정당들에 마음이 끌리게 되는 사람들도 있다는 것을 확신한다. 나는 다른 언어가 만들어질 수 있다면, 많은 사람이 다른 방식으로 자신들의 상황을 경험하면서 진보적 투쟁에 함께 하게 될 것이라 믿는다.

이러한 좌파 포퓰리즘 전략이 작동할 수 있다는 것을 보여 주는 몇 가지 사례들이 이미 존재한다. 예를 들어, 2017

년 프랑스 입법 선거에서, 멜랑숑을 비롯하여 프랑수아 뤼 팽François Ruffin과 같은 '굴복하지 않는 프랑스'의 여러 후보 들은 이전 선거에서 마린 르팬Marine Le Pen을 지지했던 유권 자들의 지지를 얻을 수 있었다. 국민 전선Front Lational의 영 향 아래에서 자신들의 박탈감에 대한 책임을 이민자들에게 돌렸던 사람들과 논쟁하면서, 굴복하지 않는 프랑스의 활동 가들은 이런 관점을 가진 유권자들이 자신들의 입장을 바꾸 게 할 수 있었다. 낙오자가 된 듯한 그들의 감정과 민주적 인 정을 위한 욕망이 이전에는 외국인 혐오적 언어로 표현되었 다면, 이제는 이 감정과 욕망이 다른 언어들을 통해 재구성 되고 다른 대적자에게 직접 표현될 수 있게 된 것이다. 2017 년 6월 영국에서도 비슷한 일이 발생했다. 당시 영국에서는 우파 포퓰리즘 정당인 영국 독립당UKIP를 지지했던 유권자 들 중 16%가 제레미 코빈에게 투표한 것이다.

반체제anti-establishment 담론이 진보 쪽에서도 나타나고 있 고, 좌파 정치 세력들은 '대중'과 '과두제' 사이에 경계를 설 정하고 있는 지금, 우리는 진정 '포퓰리즘 계기' 가운데에 있 는 것이다. 그러므로 이 포퓰리즘 계기에서 중요한 것은 포 스트 민주주의에 대한 저항들이 접합되고, '대중들'이 구성 되는 방식인 것이다. 이러한 저항이 접합되고 대중이 구성되는 방식들은 많이 있다. 그리고 포퓰리즘 방식으로 정치적 경계를 구성하는 모든 방식이 평등주의적 목표를 가지고 있는 것은 아니다. 심지어 대중들에게 권력을 되돌려주어야 한다는 명분으로 기존 시스템이 거부될 때도 마찬가지이다.

포퓰리즘의 두 유형 모두 불만족스런 요구들을 연합해 나가려 하지만, 두 유형은 서로 전혀 다른 방식으로 이 작업을 수행한다. 그 차이는 '우리'에 대한 구성, 그리고 '그들'이라는 대적자가 정의되는 방식에 있다.

우파 포퓰리즘은 자신이 대중주권을 되돌리고 민주주의를 회복시킬 것이라고 주장하지만, 주권은 '국민 주권'national sovereignty으로 이해되고 있고, 이 주권은 참된 '국민주의자'nationals라고 스스로 생각하는 사람들을 위한 것이다. 우파 포퓰리스트들은 평등을 위한 요구는 언급하지 않고, 국민nation의 정체성과 번영에 위협적인 것으로 여겨지는, 보통은 이민자들인, 수많은 범주를 배제하는 '대중'을 구성한다. 다음과 같은 사실은 시사될 만한 가치가 있다. 비록 우파 포퓰리즘이 포스트 민주주의에 맞선 수많은 저항들을 접합하고 있지만, 신자유주의 세력에 의해 구성된 대중의 대적자를 우파 포퓰리즘이 반드시 제시할 필요는 없다는 것이다. 따라서 우파 포퓰리즘이 포스트 민주주의에 맞서는 것을 신자유주의에 대한 거부와 동일시 하는 것은 실수가 될 것이다. 우파 포퓰리즘의 승리는 민주주의를 회복시킨다는 구실과 달리 사실은 민주주의를 철저히 제약하는 신자유주의의 국민주의적인 권위주의 형태로 이어질 수 있다.

반대로 좌파 포퓰리즘은 민주주의가 회복되어 다시 심화되고 확장되기를 원한다. 좌파 포퓰리즘 전략은 과두제라는 공동의 적과 맞서는 '우리', '대중'을 구성하기 위해 민주주의 요구들을 집합 의지로 연합시키려 한다. 이것은 노동자, 이민자 그리고 불안정한 중산층은 물론 LGBT 공동체의 요구들과 같은 또 다른 민주주의 요구들과 함께 등가사슬a chain of equivalence을 형성해야 한다. 이와 같은 등가사슬의 목적은 민주주의의 급진화를 가능하게 할 새로운 헤게모니를 창출하는 것이다.

2
대처주의의 교훈

서유럽 전역에서 우리가 목격하고 있는 '포퓰리즘 계기'는 지금 위기에 처한 신자유주의 헤게모니 구성체에 대한 대안을 가져올 기회를 제공한다. 중요한 것은 신자유주의에서 새로운 대안으로의 이행을 어떻게 작동시킬 것인가이다. 어떤 단계들이 따라야 하는지에 대해 배울 만한 사례들이 있을까? 어쩌면 서유럽에서 신자유주의 모델이 헤게모니화된 조건들을 꼼꼼히 살펴보면 우리는 헤게모니적 전환이 어떻게 발생할 수 있는지에 대한 실마리를 찾게 될지도 모른다. 이러한 전환이 가능한 국면은 우리가 『헤게모니와 사회주의 전략』*Hegemony and Socialist Strategies*에서 연구했던 것이기도 해서, 이 연구의 일부 분석을 다시 꺼내 보는 것도 관련성이 있을 것이다.

『헤게모니와 사회주의 전략』은 제2차 세계대전 전후 영국에서 노동당과 토리당이 케인즈식 복지국가에 대해 설정한 합의가 위기에 처했던 시절, 런던에서 집필되었다. 우리가 좌파 정치의 미래에 대한 성찰을 발전시켰던 것은 주로 영국 맥락 속에서였다. 그러나 나는 이 성찰이 가진 적절성이 영국에 제한되지 않는다고 생각한다. 볼프강 스트렉Wolfgang Streeck은 다음과 같이 지적하고 있다.

전후 노동과 자본 사이 합의 구조는 어떤 점에서는 크게 달랐지만, 민주적 자본주의가 제도적으로 도입되었던 나라들 사이에는 근본적으로 같았다. 이것은 케인즈식 경제 도구들을 확장해서 사용하려는 정부가 동의한 복지국가의 확장, 노동자들의 자유로운 단체교섭권에 대한 권리, 그리고 완전 고용을 위한 정치적 보장을 담고 있었다.[11]

케인즈식 복지국가의 본질을 헤게모니 구성체 차원에서 이해하기 위해서는 비록 케인즈식 복지국가가 노동력의 재생산을 자본의 필요에 종속시키는 데 중요한 역할을 하긴

11. Wolfgang Streeck, 'The Crises of Democratic Capitalism', *New Left Review 71*, (September/October 2011), 10.

했지만, 새로운 형태의 사회권과 완전히 전환된 민주주의 상식의 출현 조건을 마련했다는 것을 인정할 필요가 있다. 몇몇 국가들에서는 강력한 노동조합이 사회권을 공고화시켜 나갔다. 한편 이 시기에 불평등 증가가 억제되었고, 노동자들은 상당한 개선을 만들어 냈으며, 민주주의의 중요한 발전이 이뤄졌다. 자본과 노동 사이의 타협을 통해 자본주의와 민주주의가 일종의 불안한 공존을 이뤄 낼 수 있었다.

그러나 1970년대 전반기 동안 경제 성장의 둔화와 상승하는 인플레이션은 케인즈식 타협의 한계를 드러내기 시작했다. 1973년 석유 위기의 영향 아래에서, 경제는 고통에 처했고, 이윤은 감소했으며, 전후 사회민주주의적 정착점들은 무너지기 시작했다. 영국에서 국가 재정 위기에 직면하게 되자, 집권 노동당은 노동 계급을 길들이기 위해 국가 권력을 사용해야만 했고, 결국 이것은 불만을 키워 나가게 되었다. 1970년대 중반 전후 사회민주주의 모델은 심각한 문제에 휩싸이게 되었고, '정당성 위기legitimation crisis'로 고통받기 시작했다.

하지만 경제 요인들만으로는 사회민주주의 모델의 위기를 파악하기에는 충분하지는 않다. 다른 요소들도 고려될 필요가 있다. 특히 1960년대 '신사회운동new social movements'라 불린 현상의 출현이 그것이다. 이 용어는 당시 아주 다양한 투쟁들을 지칭하기 위해 사용되었다. 이 용어는 도시 운동, 생태 운동, 반권위주의 운동, 반제도주의 운동, 페미니즘, 반인종차별주의, 인종ethnic 운동, 지역 운동, 그리고 성 소수자 운동 등과 같은 것들을 지칭한다. 이러한 새로운 민주주의 요구들을 둘러싸고 만들어진 정치적 다극화는 노동의 전투성이라는 물결을 공유하면서 보수 세력들의 반발을 유발했다. 이 보수 세력들은 평등을 요구하는 투쟁이 빠르게 늘어나게 되자 서구 사회가 '평등주의적 벼랑' 끝으로 내몰리게 되었다고 주장하고 있었다. 1973년 이후 경제 침체가 시작되었을 때 우파들은 민주주의 상상democratic imaginary의 확장을 멈출 시간이 왔다고 판단했다. 이들은 이 평등주의 운동에 대응하면서, 노동조합의 힘 때문에 억제되었던 이윤 증가를 회복시킬 계획을 세웠다. 1975년 사무엘 헌팅턴Samuel Huntington은 삼자 위원회Trilateral Commission에 제출하는 보고서에서 보다 더 큰 평등과 참여를 위한 1960년대의 투쟁들이 '민주주의의 쇄도democratic surge'를 초래해서 사회를 '통치 불가능하게ungovernable' 만들어 버렸다고 주장했다. 헌팅턴은 '민주주의 이상이 가진 힘이 민주주의의 통치성에 대한 문제를 야기한다'는 결론을 내렸다.[12]

우리가 『헤게모니와 사회주의 전략』을 쓰고 있던 당시, 마가렛 대처Margaret Thatcher는 선거에서 막 승리했지만, 위기에 대한 대책은 여전히 불분명했다. 다음은 우리가 당시 상황을 어떻게 파악하고 있었는지를 보여 주고 있다.

새로운 적대들 및 '새로운 권리'의 증식이 전후에 구성된 헤게모니 구성체의 위기를 초래했다는 점에는 의심의 여지가 없다. 그러나 장차 이 위기가 극복될 형태는 사전에 규정되지 않는데, 이는 권리들이 정의되는 방식과 종속에 맞선 투쟁이 채택할 형태들이 명확히 확립되어 있지 않기 때문이다. 13

우파의 공세에 대항하기 위해, 우리는 노동당이 자신의 코포라티스트corporatist 정치의 단점을 인정하면서 사회적 기반을 확장해야 하고, 신사회 운동들이 키운 노동당 비판

12. Samuel Huntington, 'The Democratic Distemper', in *The American Commonwealth*, ed. Nathan Glazer and Irving Kristol, (New York: Basic Books, 1976), p. 37.
13. Ernesto Laclau and Chantal Mouffe, *Hegemony and Socialist Strategy: Towards a Radical Democratic Politics*, paperback edition, (New York and London: Verso, 2014), p. 152.
에르네스토 라클라우 & 샹탈 무페, 2012, 『헤게모니와 사회주의 전략: 급진 민주주의 정치를 향하여』 이승원 옮김, 후마니타스, 289쪽.

자들을 받아들이는 것이 매우 중요하다고 주장했다. 신사회운동의 요구들은 노동 계급의 요구들과 함께 수용되어야 하는 것들이었다. 우리 주장의 목표는 새로운 헤게모니 블록을 '민주주의의 급진화' 측면에서 다시 정의되는 사회주의 기획을 중심으로 구성하는 것이었다. 우리는 자유와 평등이라는 민주주의 원리들을 보다 폭 넓은 사회적 관계들로 확장하려는 헤게모니 기획만이 위기에 대한 진전된 결과를 제공할 수 있다고 확신했다.

슬프게도, 노동당은 경제주의와 본질주의 전망에 갇혀 있다 보니 헤게모니 정치의 필요성을 인지할 수 없었고, 노동당의 전통적 입장에 대한 구태의연한 방어만할 뿐이었다. 이렇게 하면서 노동당은 결국 케인즈식 모델에 반대하는 세력들의 공격을 막아 낼 수 없게 되었고, 이것은 신자유주의 기획이 문화적이고 이데올로기적으로 승리하는 길을 열어 주었다.

마거릿 대처가 1979년 수상이 되었을 때, 그녀의 목표는 토리당과 노동당 사이 전후 합의를 깨뜨리는 것이었다. 그래서 그녀는 이 전후 합의가 영국 경기 침체의 원인이라고 주장했다. 노동당과는 반대로 그녀는 정치의 당파적 본성과 헤게모니 투쟁의 중요성을 잘 알고 있었다. 그녀의 전략은 분명 포퓰리즘 전략이었다. 그 전략은 한쪽에는 억압적 국가 관료들, 노동조합, 그리고 국가의 무상 지원으로 이익을 취하는 사람들을 동일시하는 '체제 세력', 그리고 다양한 관료 세력과 이들의 여러 동맹 세력에 의한 희생자들인 성실한 '대중' 사이에 정치적 경계를 구성하는 데 있었다.

마거릿 대처의 주요 표적은 그녀가 무너뜨리기로 한 권력을 가진 노동조합이었다. 그녀는 자신이 '내부의 적'이라 불렀던 아서 스카길Arthur Scargill이 주도한 전국탄광노조 National Union of Mineworkers와의 전면전을 벌였다. 영국 역사에서 가장 격렬한 노동쟁의였던 광부 총파업1984~1985은 그녀의 궤도를 완전히 바꾸었다. 파업은 정부의 결정적인 승리로 끝났고, 이후 정부는 약해진 노동조합 운동에 정부 제시 조건을 부과하고 경제적으로 자유주의 프로그램을 강화할 수 있게 되었다.

전후 합의에 금이 가기 시작하자, 마거릿 대처는 현 상태에 강력한 도전을 위한 개입을 시작했다. 마거릿 대처는 정치적 경계를 단단히 설정하면서 사회민주주의 헤게모니의 주요 요소들을 해체하고, 대중적 합의에 기반을 둔 새로운 헤게모니 질서를 수립할 수 있었다. 이것이 바로 정치에 대한 본질주의적 관점을 가지고 있는 노동당 정치인이 이해할 수 없는 것이었다. 노동당 정치인들은 대항 헤게모니 차원 counter-hegemony에서 반격을 전개하는 대신, 신자유주의 정책이 유발하는 실업률의 증가와 노동 조건 악화가 자신들을 다시 정부로 돌려보낼 것이라 믿고 있었다. 이들은 소극적으로 자신들에게 우호적일 수 있는 경제적 노동 조건의 악화만을 기다리고 있었다. 그러는 동안 마거릿 대처가 신자유주의 혁명을 공고화시키고 있는 사실을 알아차리지 못했다.

스튜어트 홀Stuart Hall은 자신이 '대처주의'Thatcherism이라 부르고 '권위주의적 포퓰리즘'이라 정의한 헤게모니 전략을 분석하면서, '대처주의식 포퓰리즘'Thatcherite populism은 토리당과 기본적으로 함께하는 주제들—국민, 가족, 의무, 권위, 표준, 전통주의—과 부활한 신자유주의의 공격적 주제들—사익 추구, 경쟁적 개인주의, 반국가주의—을 결합하고 있다'고 주장한다.[14] 대처가 영국에서 신자유주의 정책을 성공적으로 시행할 수 있었던 것은 복지국가를 시행해 왔던 집산주의적이고collective 관료주의적인 방식에 대한 거부감

---

14. Stuart Hall, 'Learning from Thatcherism', in *The Hard Road to Renewal,* (New York and London: Verso, 1988), p. 271.
  스튜어트 홀, 2007, 4장 '대처리즘에서 배운다', 『대처리즘과 문화정치』, 임영호 옮김, 한나래. 4장 '대처리즘에서 배운다'는 이 책의 결론 부분의 제목이다.

을 활용한 그녀의 능력 때문이었다.

　대처는 자신의 신자유주의 기획을 위해 많은 분야에서 지지를 얻을 수 있었다. 그 이유는 개인의 자유에 대한 대처의 칭송, 그리고 억압적 국가 권력으로부터 이 분야들을 해방시키겠다는 그녀의 약속이 이들을 매료시켰기 때문이다. 국가의 개입으로 복지 혜택을 받는 수혜자들조차 자신들이 받는 혜택이 관료주의적으로 분배되는 것에 화가 나 있었기 때문에, 대처의 이러한 담론은 반향이 커질 수 있었다. 몇몇 노동 분야의 이해관계를 페미니즘 세력과 이민자들의 이해관계와 대립시키고, 이들이 전자에 속한 분야의 노동자 일자리를 훔치는 주범이라고 하면서, 마거릿 대처는 노동 계급의 중요한 진영을 자신의 편으로 만들 수 있었다.

　사회민주주의 헤게모니에 대한 맹공을 퍼부으면서, 마거릿 대처는 '상식'이라 고려되는 것들을 담론적으로 재배열하고, 그 상식에 달린 사회민주주의 가치들과 싸우기 위해 경제적·정치적·이데올로기적 전선에 개입했다. 주요 목표는 자유주의, 그리고 맥퍼슨이 말한 것처럼 자유주의를 '민주화'시킨 민주주의 사이의 연결 고리를 끊어 버리는 것이었다.

　대처가 가장 좋아하는 철학자인 프리드릭 하이에크 Friedrick Hayek는 개인의 자유라는 정치의 중심 목표를 최대화하기 위해 국가 권력을 최소화시켜야 한다는 신조로 자유주의의 '참된' 본질을 재확인할 필요가 있다고 주장했다. 개인의 자유 관념에 대해 하이에크는 '사회에서 타인의 강제가 최소화된 인간 조건'이라고 소극적으로 정의했다.[15]

이 이데올로기적 전략에 담긴 또 다른 움직임은 '민주주의의 의미'를 다시 구성하는 것이었다. 이것은 민주주의를 '자유'에 종속시키는 것이었다. 하이에크에 따르면, 자유주의 사회에서 민주주의라는 관념은 개인의 자유라는 관념보다 부차적이기 때문에 경제적 자유와 사적 소유에 대한 방어는 특권적 가치로서의 평등에 대한 방어를 대체할 수 있다. 그에게 '민주주의는 본질적으로 내적 평화와 개인의 자유를 보호하기 위한 수단이자 실용적인 장치이다.'[16] 하이에크는 만일 갈등이 민주주의와 자유 사이에서 발생했다면, 우선순위는 자유에 주어져야 하고, 민주주의는 희생되어야 한다는 단호한 입장을 취했다. 몇 년 후 하이에크는 민주주의의 폐지를 제안하는 극단적인 입장에까지 이르기도 했다.

15. Friedrich Hayek, *The Constitution of Liberty*, (Chicago: University of Chicago Press, 1960, p. 11.
프리드리히 A. 하이에크, 1997, 『자유헌정론』, 김균 옮김, 자유기업센터, 29쪽.
16. Friedrich Hayek, The Road to Serfdom (London: Routledge, 1944), p. 52.
프리드리히 A. 하이에크, 2006, 『노예의 길』, 김이석 옮김, 나남, 121쪽.

대처는 선하고 책임감이 강한 '납세자들'이 국가 권력을 함부로 사용하여 납세자의 자유를 제한하는 관료주의 엘리트들과 대결하는 담론을 통해, 자신의 신자유주의 전망을 중심으로 역사적 블록을 공고화하고, 사회경제적 세력들의 배열을 완전히 바꾸는 데 성공했다. 그러나 어떤 점에서 보면, 대처의 정치는 토리당과도 분열된 것으로 감지되었고, 세 번의 선거에서 이긴 후, 1989년에 시행한 인두세 정책은 폭력적 거리 시위로 이어졌으며, 결국 토리당은 대처가 사임하도록 압력을 가했다. 그때가 1990년이었다.

그러나 이 당시 마거릿 대처는 자신의 신자유주의 혁명을 단호히 지켜내고 있었고, 자신이 정부를 떠났을 때 신자유주의 전망은 이미 상식 속에 깊이 스며들어 있었다. 이 상식 속에서, 노동당은 토니 블레어를 내세워 1997년 재집권했을 때조차 신자유주의 헤게모니에 도전하려 하지 않았다. 홀이 보여 준 것처럼, 확실히 신노동당New Labour의 담론을 보면 대처주의의 모든 핵심적인 담론 요소들을 발견하게 된다.

'납세자'taxpayer('상습적 무전 취식자'에게 복지 비용을 제공하기 위해 과도하게 세금을 내는 열심히 일하는 사람), 그리고 '소비자'('선택 의제'와 소비자의 취향에 맞춰진 배송이 구체적으로 디자인되어서 시장에서 아무 제약 없이 '맘껏' 선택할 수 있는 운 좋은 주부), 어느 누구도 공공 서비스를 필요로 하거나 그것에 의지하는 시민이 될 수 있다고 생각하지 않는다.[17]

그도 그럴 것이, 재임 시 가장 훌륭한 업적은 무엇이었는가라는 질문에 대한 마거릿 대처의 답은 '토니 블레어와 신노동당이죠. 우리는 우리 적이 마음을 바꾸도록 힘을 썼죠'이었던 것이다.

사실 신자유주의에 굴복한 내용들은 '신노동당'New Labour 에 모인 사람들 사이에서 '제3의 길'로 이론화되었다. 이것은 '좌우를 넘어선', 그리고 가장 발전된 '진보 정치'의 구상으로 제시된 정치 형태였다. 신자유주의 헤게모니가 단단히 세워졌기 때문에 '우리'와 '그들' 사이 정치적 경계를 필요로 하는 것은 한물간 정치 모델로 여겨지게 되었고, '중도 합의'야 말로 적대가 극복된 성숙한 민주주의로 향하는 한 걸음으로 칭송되었다. 이 합의적 '제3의 길' 모델은 이후 유럽 주류 사회민주주의, 그리고 사회주의 정당들의 신조로 받아들여졌다. 소비에트식 모델의 붕괴 이후, 이 모델은 민주주의 좌파가

---

17. Stuart Hall, 'The Neoliberal Revolution', in *The Neoliberal Crisis*, ed. Sally Davison and Katharine Harris, (London: Lawrence & Wishart, 2015), p. 25.

수용할 수 있는 유일한 전망으로 받아들여졌고, 이것은 사회
민주주의를 사회적 자유주의로 완전히 바꿔 버리는 신호탄
이 되었다. 제3의 길은 서유럽 신자유주의 헤게모니 공고화
를 위한 조건들을 제공하는 탈정치의 지배 영역을 창조해 냈
다.

이 신자유주의 헤게모니 공고화는 몇몇 눈에 띄는 변화들
을 동반했다. 대처주의 이데올로기가 토리당의 보수적 주제
들과 신자유주의 경제 정책들의 조합이었던 반면, 이후 헤
게모니를 장악한 신자유주의는 전통적인 보수주의 이데올
로기에서 멀어져 갔다. 포드주의Fordism에서 포스트 포드주
의Post-Fordism으로의 이행과 연결된 자본주의 조절 양식의
전환에 대응하기 위해, 신자유주의 헤게모니 구성체는 몇
가지 대항 문화counterculture 주제들을 수용했다. 뤽 볼탕스
키Luc Boltanski와 이브 치아펠로Eve Chiapello가 쓴 책『자본주
의의 새로운 정신』*The New Spirit of Capitalism*은 신사회운동들
이 만들어 내는 도전에 직면한 자본가들이 자율성에 대한
이 운동들의 요구를 어떻게 이용했는가를 드러냈다.[18] 그 방

---

18. 본문에서 new movements라고 나오는데, 이는 볼탕스키와 치아펠로의 책 본
문과 인용된 다른 문헌을 참고하면 맥락상 new social movements로 보는 것이
맞다. (옮긴이 주)

식은 이 운동들을 포스트 포드주의로 네트워크화된 경제 발전의 동력으로 연결하고, 새로운 통제 형식 속으로 바꾸는 것이었다.[19] 진정성에 대한 추구, 이상적인 자기 관리, 그리고 반위계적 비상 사태 등을 포함하는 대항 문화의 미학적 전략들을 언급하기 위해 볼탕스키과 치아펠로는 '예술적 비판'artistic critique라는 용어를 사용하고 있다. 예술적 비판의 여러 형태들이 포드주의 시절 훈육적 프레임 특성을 대체하는 과정에서, 새로운 자본주의 조절 양식이 요구하는 조건들을 촉진하기 위해 사용되었던 것이다. 이러한 과정은 신사회운동들의 수많은 요구를 끌어들여 중화시키기에 가장 좋은 조건들을 만들어 냈고, 이 조건들은 노동을 자유화하고 이기적 개인주의를 촉진하는 데 사용되었다.

몇몇 좌파 이론가들은 볼탕스키와 치아펠로가 자본주의 가치의 승리에 대한 책임을 대항 문화 운동에 있는 것처럼 표현하고 있다며, 이들을 강력히 비판해 왔다. 이러한 해석은 볼탕스키와 치아펠로의 연구에 대한 오해에 기초하고 있다. 내가 『경합적인 것들: 세계를 정치적으로 사고하기』 *Agonistics: Thinking the World Politically*에서 언급한 것처럼, 헤

19. Luc Boltanski and Eve Chiapello, *The New Spirit of Capitalism*, (London and New York: Verso, 2005).

게모니적 관점에서 보면 그들의 연구는 그람시가 부른 '중화를 통한 헤게모니'hegemony through neutralization 또는 '수동혁명'passive revolution 측면에서 우리가 포드주의에서 포스트포드주의로의 이행을 머리에 그려 볼 수 있도록 한다.[20] 수동 혁명이라는 용어를 통해 그람시는 헤게모니 질서에 도전하는 요구들이 가진 전복적 잠재력을 중화시키는 방식으로 이 요구들을 만족시키면서, 이 요구들이 기존 질서에 의해 회복되는 상황을 설명한다. 대항 문화적 비판의 담론과 실천에 담긴 '전복'detournement 과정으로 인해, 자본은 헤게모니 질서에 도전하는 이 요구들이 자본의 정당성에 제기할 수도 있었던 도전들에 굴하지 않으면서 자신의 우위를 공고하게 만들 수 있었다.

이 해결책은 한동안은 잘 작동했지만, 모두가 인정하는 헤게모니 시대가 어느 정도 지난 후 신자유주의는 위기에 처하게 되면서, 좌파가 전혀 다른 헤게모니 질서를 세울 기회가 발생되었다. 이것은 놓칠 수 없는 기회이기에, 나는 이 국면에 어떻게 개입할 것인가를 예상하면서, 대처의 전략으로부터 배우기를 제안한다. 이것은 일종의 도발처럼 보

---

20. Chantal Mouffe, *Agonistics: Thinking the World Politically,* (London and New York: Verso, 2013).

일 수 있지만, 이러한 제안을 하는 사람이 내가 처음은 아니다. 다른 맥락에서 다루고는 있지만, 이것은 또한 스튜어트 홀이 그의 책『대처리즘의 문화정치』원제 *The Hard Road to Renewal*에서 제안한 것이기도 하다. 그는 이 책에서 노동당과는 정반대로 마거릿 대처는 이데올로기의 차이를 무시하지 않으면서, 다양하고 상이한 사회, 경제적 전략들을 함께 작동시키는 방식으로 헤게모니 정치 과제를 발전시킬 수 있었다고 강조했다.[21]

현재 신자유주의 헤게모니 구성체의 위기는 다른 질서를 세우기 위한 개입 가능성을 제공한다. 우리는 포퓰리즘 전략을 채택하면서 대처의 방식을 따라야 한다. 하지만, 이번에는 진보적 목표를 가지고서 민주주의를 회복시키고 심화시킬 수 있는 새로운 헤게모니를 수립하기 위해 다양한 전선에 개입해야 한다. 포퓰리즘 계기는 이러한 개입 양식을 요구한다.

신자유주의의 위기가 새로운 헤게모니 질서 구성을 위한 기회를 제공하지만, 이 새로운 질서가 민주주의의 확실한 진전을 가져오리라는 어떤 보장도 존재하지 않는다. 오히려

21. 스튜어트 홀, 앞의 책

이 기회는 권위주의적인 특징을 띨지도 모른다. 이것이 바로 좌파가 과거의 실수를 반복해서는 안 되는 매우 중요한 이유이다. 좌파는 헤게모니 차원을 파악하지 못하게 방해하는 본질주의적 정치 구상을 반드시 내려놔야 한다.

시급히 필요한 것은 '대중'을 구성하기 위한 좌파 포퓰리즘 전략이며, 이것은 보다 민주적인 헤게모니 구성체를 세우기 위해 포스트 민주주의에 맞서는 다양한 민주적 저항들을 담아 내야 한다. 좌파 포퓰리즘 전략은 기존 권력 관계의 광범위한 전환과 새로운 민주주의 실천들의 창출이 필요하게 될 것이다. 하지만, 나는 이것이 자유민주주의 레짐과의 '혁명적' 단절을 요구하는 것은 아니라고 주장한다. 분명 일부 좌파 세력에서는 이러한 단절없이 권력 관계의 전환과 새로운 민주주의 실천의 창출이라는 우발적 사건이 발생할 수는 없을 것이라고 주장할 것이다. 그러나 나는 유럽 사회에서 자유민주주의 레짐들을 파괴하지 않고서도 기존 헤게모니 질서를 전환시킬 수 있다는 것을 대처주의가 보여 주고 있다고 생각한다.

대처주의로부터 배운다는 것은 중도 우파와 중도 좌파 사이 탈정치 합의와 단절하는 정치적 경계를 세우기 위한 결정적 움직임이 현 국면에 존재한다는 것을 깨닫는 것을 의미한다. 대적자를 정의하지 않고서는 어떤 헤게모니적 공세도 시작할 수 없다. 이것은 바로 신자유주의로 전환된 사회민주주의 정당들이 만들어 낼 수 없는 단계이기도 하다. 이럴 수밖에 없는 이유는 그들은 민주주의가 합의에 도달해야 하고, 대적자 없는 정치가 가능하다고 믿기 때문이다.

좌파 포퓰리즘 전략은 이러한 관점에 도전해야만 한다. 하지만 분명한 것은 오늘날 세력 관계는 나와 라클라우가 『사회주의와 헤게모니 전략』에서 분석했던 국면보다 그리 좋지 않다는 것이다. 신자유주의 헤게모니가 지배하는 시절 동안, 수많은 사회민주주의 업적들은 해체되었다. 그리고 우리는 이전에는 그리 급진적이지 않다고 비판했던 다양한 복지국가 제도들을 열심히 지켜내야 하는 역설적인 상황에 처한 우리 자신을 발견하게 된다.

전후 합의의 위기 시대에, 사회민주주의는 비록 인플레이션의 증가와 경제 침체로 인해 약해졌긴 해도 아직 이데올로기적으로 무너져 내린 것은 아니었다. 그리고 당시 적절한 헤게모니 전략을 구상할 수 있었다면, 사회민주주의는 그동안의 사회적 업적들을 지켜낼 수 있었을지도 모른다. 사회민주주의 상식의 핵심들인 많은 민주주의 가치들이 여전히 작동하고 있었으며, 이 가치들의 급진화를 통해 좌파의 기획을 바라볼 수 있었다. 분명 상황은 변했고, 우리가 '신자유주의의 급진화'를 생각할 수도 없다. 오늘날 최우선 과제는 민주주의를 급진화하기에 앞서, 민주주의를 회복시키는 것이다.

실제 국면은 기존 헤게모니 구성체와의 불화를 불러 내며, 이것은 사회적 자유주의 정당social liberal parties들이 인정할 수 없는 것이다. 이 정당들은 신자유주의 헤게모니 구성체 안에 너무 깊게 통합되었으며, 이들의 개혁주의 담론으로는 아무런 정치적 경계도 그릴 수 없고, 대안적 전망도 보여 줄 수 없다. 이런 정당들이 위기에 대한 해법을 제시하려면, 그들의 정체성과 전략을 크게 바꿔야 할 것이다.

소비에트 모델이 무너진 이후, 많은 좌파 세력들은 그들이 철회했던 정치에 대한 혁명적 관점이 아닌 자유주의적 관점을 대신할 대안을 그려 내지 못하고 있다. 정치에 대한 '친구/적' 모델이 다원 민주주의와 양립 불가능하고, 자유민주주의는 파괴되어야 할 적이 아니라는 그들의 인식은 갈채를 받고 있다. 그러나 이 인식은 그들이 여러 적대가 존재한다는 것을 철저히 부정하고, 중립적 영역에 있는 엘리트들 사이의 경쟁으로 정치를 환원시키는 자유주의적 사고를 받아들이게 했다. 나는 헤게모니 전략을 상상해 낼 수 없다는 것이 사회민주주의 정당들의 가장 큰 약점이라고 생각한다. 이것은 다른 헤게모니 질서를 수립하려는 대적자 중심으로 adversarial, 경합적인agonistic 정치의 가능성을 사회민주주의 정당들이 자유-민주주의 틀 안에서 이해하지 못하도록 한다.

다행히도 예외가 존재한다. 이 예외는 제레미 코빈이 이끌면서 좌파 포퓰리즘 전략에 맞는 것을 수행하는 영국 노동당의 진화에서 잘 나타나 있다. 토니 블레어가 시작한 합의제 모델을 주장하려는 노동당 내 다른 분파와는 반대로, 코빈 지지자들과 그들의 모멘텀 운동The Momentum movement은 대중과 체제 사이 정치적 경계 설정을 촉진해 왔다. 최근 선거 운동에서 그들은 '소수가 아닌 다수를 위해'For the many, not the few라는 블레어 지지자들의 구호를 사용했다. 하지만, 그들은 그 슬로건에 '우리'와 '그들' 사이 정치적 경계를 세우는 경합적 방식으로 이 슬로건에 새로운 의미를 부여했다.

블레어 집권 기간에 있었던 탈정치와 분명히 단절하고, 급진적 프로그램을 설계하면서 다시 정치화된 코빈의 노동당은 환상에서 빠져나온 유권자들에게 다시 승리를 안겨 주고, 젊은 세대들로부터 큰 지지를 이끌 수 있었다. 이것은 민주주의 정치에 새로운 자극을 주는 좌파 포퓰리즘의 능력을 보여 주는 것이다.

또한 코빈이 이끌면서 당원수가 크게 늘어난 노동당은 많은 정치학자들이 주장하는 것과는 정반대로 '전통적 형태의 정당'form party이 아직 한물간 것은 아니며, 재개 가능하다는 것을 보여 주고 있다. 실제로, 노동당 당원은 약 60만 명에 달하며, 이것은 현재 유럽에서 가장 큰 좌파 정당이다. 이 사실이 보여 주는 것은 바로 최근 몇 년 동안 정치 정당들 때문에 시민들이 경험한 불만은 그들에게 제공된 탈정치적 대안의 결함이 만든 결과였으며, 이 상황은 시민들이 민주주의를 급진화하는 프로그램에 참여할 기회를 얻게 될 때 역전된다는 것이다.

3
민주주의를 급진화하기

    민주주의를 급진화한다는 것은 무슨 뜻일까? 이것은 내가 분명히 해야 할 부분이다. 왜냐하면 급진 민주주의에 대한 많은 구상들이 존재하면서도 『헤게모니와 사회주의 전략』에서 옹호되었던 '급진 다원 민주주의'에 대한 심각한 오해들이 발생되어 왔기 때문이다. 누군가는 우리가 자유민주주의와의 철저한 파열, 그리고 완전히 새로운 레짐의 구축을 요청하고 있다고 생각한다. 사실 우리가 옹호하고 있었던 것은 자유민주주의 체제의 윤리-정치적 원칙인 '모두를 위한 자유와 평등'의 '급진화'였던 것이다.

    이 기획의 중요한 차원은 보다 정의로운 사회를 향해 나가기 위해서는 자유민주주의 제도를 내려놓고 완전히 새로운 **정치체**politeia, 새로운 정치 공동체를 세우는 것이 필요하다는 일부 좌파 세력들의 신념에 대해 질문을 던지는 것이다. 라클라우와 내가 주장했던 것은 민주주의 사회에서 보다 중요한 민주주의 업적이란 기존 제도에 비판적으로 개입하는 과정을 통해 이뤄질 수 있다는 것이었다.

우리 관점에서 볼 때, 근대 민주주의 사회가 가진 문제는 '모두를 위한 자유와 평등'이라는 구성 원리들이 제대로 작동하지 않았다는 것이다. 좌파의 임무는 이 원리들을 철회하는 것이 아니라, 이 원리들이 효과적으로 실행될 수 있도록 싸우는 것이었다. 따라서 우리가 옹호하는 '급진 다원 민주주의'는 기존 민주주의 제도들의 급진화로 이해될 수 있으며, 결과적으로 자유와 평등 원리들은 점차 증가하는 사회적 관계들 속에서 효과적이게 되었다. 이 작업은 토대의 완전한 재구축을 암시하는 혁명적 형태와 급진적으로 단절할 것을 요구하지 않았다. 대신 급진 다원 민주주의는 민주주의 전통이 가진 상징적 자원들을 끌어내 오는 내재적 비판을 통한 헤게모니적 방법으로 성취될 수 있었다.

나는 바로 이러한 내재적 비판 속에서 좌파 포퓰리즘 전략이 포스트 민주주의에 개입하여 도전하고, 평등과 대중 주권이라는 민주주의 가치의 중심성 또한 회복할 수 있다고 생각한다. 이러한 개입이 가능한 것은 민주주의 가치들을 신자유주의가 폄하했음에도 불구하고 이 가치들이 여전히 우리 사회가 가진 정치적 상상 속에서 중요한 역할을 하고 있기 때문이다. 나아가 이 민주주의 가치들이 가진 비판적 의미는 헤게모니 질서를 전복시키고 새로운 질서를 만들기 위해 재활성화될 수 있다. 이것은 포스트 민주주의 조건에 대항하는 많은 저항이 평등과 대중주권의 이름으로 표현되고 있다는 사실에 의해 입증될 수 있다.

분명 최근 나타나는 사회정치적 침체는 신자유주의 정책이 초래했으나, 대부분의 이 저항들은 금융자본주의와 신자유주의에 대한 직접적인 거부 형태를 취하지 않고, 자기 이익을 특권화시키는 정책을 시행해 온 듯한 기성 엘리트에 대한 고발 형태를 취한다는 것에 주목할 만하다.

따라서 바로 민주주의 언어를 통해서 많은 시민들은 자신들의 저항을 접합시킬 수 있다. 분명 '광장 운동'의 주 대상은 정치 시스템과 민주주의 제도의 결점이 아니었으며, 시민들은 '사회주의'가 아니라 '진정한 민주주의'를 요구했다. 스페인에서 인디그나도스의 구호가 '우리는 투표권만 있을 뿐 우리 목소리를 내지 못하고 있다'라는 것을 기억해 보자.

내가 볼 때, 좌파 포퓰리즘 전략을 민주주의 전통에 각인시키는 것은 아주 중요한 움직임이다. 왜냐하면, 이것은 대중적 열망을 중심으로 하는 정치적 가치들을 연결하고 있기 때문이다. 다양한 억압 형태에 맞선 수많은 저항들이 민주주의 요구들로 표현된다는 사실은 '민주주의' 기표가 정치적 상상에서 중요한 역할을 한다는 증거이다. 물론 이 기표는 종종 오용되기도 하지만, 그 급진적 잠재력을 상실한 것은 아니다. 민주주의의 평등주의적 차원을 강조하면서 비판적으로 사용할 때, 민주주의 기표는 새로운 상식을 창조하는 헤게모니 투쟁에서 강력한 무기를 만들게 된다. 실제로, 그람시는 이것은 "처음부터 과학적 사고를 모든 사람들의 개인적 삶에 도입하는 것의 문제가 아니라 이미 존재하는 행동을 새롭게 하고 '비판적'으로 만드는 것의 문제"라고 주장했다.[22]

정치적 주체성을 구성하는 과정에서 민주주의 담론이 하는 역할을 파악하기 위해서는, 정치적 정체성이란 사회 질서에 놓여 있는 객관적 위치들에 대한 직접적인 표현이 아니라는 것을 이해해야 한다. 이것은 정치의 장에서 반본질주의 접근법이 가진 중요성을 입증한다. 『헤게모니와 사회

---

22. Antonio Gramsci, *Prison Notebooks*, (London: Lawrence & Wishart, 1971, p. 330).
안토니오 그람시, 2007, 『옥중 수고 2』, 이상훈 옮김, 거름, 171쪽.

주의 전략』에서 주장했듯이, 권력 관계에 맞선 투쟁은 물론 이 투쟁들이 드러나는 형태에서 중립적이거나 당연한 것은 없다.

종속 형태에 맞선 투쟁은 종속 그 자체의 상황이 만든 직접적인 결과라 할 수 없다. 종속 관계가 적대적 관계로 바뀌려면 종속 담론을 방해하는 담론적 '외부exterior'가 존재해야 한다. 이것이 정확히 민주주의 담론이 가능하게 만드는 점이다. 바로 서구 사회에서 주요 정치적 언어들을 제공하는 민주주의 담론 때문에 종속 관계가 문제가 될 수 있다

자유와 평등의 원리들은 언제 민주주의 상상의 모체가 되었을까? 서구 사회의 정치적 상상에 담긴 결정적 변화는 토크빌A. Tocqueville이 '민주주의 혁명'이라 불렀던 시대에 발생했다. 클로드 르포르Claude Lefort가 보여 준 것처럼, 민주주의 혁명을 정의하는 계기는 대중이 절대 권력을 새롭게 확정한 프랑스혁명이었다. 프랑스혁명은 신학정치적 모체와 단절한 사회 제도들의 새로운 상징 양식의 시작점이며, 불평등의 여러 다른 형태들을 비합리적인 것으로 문제삼는 말들에 프랑스 인권선언을 제공했다.[23] 토크빌은 자신이 평등

---

23. Claude Lefort, *Democracy and Political Theory*, trans. David Macey, (Cambridge, UK: Polity Press, 1988), chapter 1.

을 위한 열정'이라 부른 것이 지닌 전복적 속성을 인지했다. 이것은 다음과 같이 그의 책에 나타난다.

다른 분야에 침투한 평등이 결국에는 정치 세계에는 침투하지 않을 것이라고 생각할 수는 없다. 다른 모든 부문에서는 평등한데 어느 한 지점에서만 인간들이 영원히 불평등하게 남아있으리라고 생각할 수는 없는 일이다. 결국 그들은 모든 점에서 평등하게 될 것이다.[24]

분명, 귀족인 토크빌은 새로운 시대가 다가오는 것을 기뻐하지 않았지만, 이 시대를 피할 수 없음을 받아들였다. 그리고 그가 예견한 것은 실현되었다. 정치적 불평등에 대한 비판으로부터, 이 '평등을 위한 열정'은 여러 사회주의 담론들과 이 담론들이 제공한 투쟁들을 통해서 경제적 불평등을 문제삼게 되었고, 이로써 민주주의 혁명이라는 새로운 장을 열게 되었다. 또한 '신사회운동'의 발전과 함께 지금 우리가

24. Alexis de Tocqueville, *De la démocratie en Amérique*, vol. 1, (Paris: Flammarion, 1981), p. 115.
알렉스 d. 토크빌, 2002, 『미국의 민주주의 1』, 임효선·박지동 옮김, 한길사, 113쪽.

살아가고 있는 시대에 다른 장이 열렸다. 이 장은 불평등의 또 다른 수많은 형태에 대한 질문들로 특징지을 수 있다.

놀랍게도 이백 년 넘는 세월이 지난 후, 민주주의 상상의 힘은 수많은 새 영역에서 평등과 자유의 추구를 촉진하면서 지속되어 가고 있다. 그러나 지난 수세기 동안 서구에서 자행되었던 범죄들이 보여 주듯이, 민주주의 상상의 힘이 평등과 자유를 추구해 왔다는 사실만으로 우리가 평등 사회를 향한 단선적이고 필연적인 진화만 목격하고 있다고 믿어서는 안 된다. 또한, 내가 이미 지적한 바, 자유와 평등은 결코 완벽하게 조화를 이룰 수 없고 언제나 긴장 속에 존재한다.

더 중요하게도, 자유와 평등은 구체적인 해석에 따라 그 의미가 달라지는 여러 다른 헤게모니 구성체에 각인된 채 존재할 뿐이다. 헤게모니 구성체란 경제·문화·정치, 그리고 사법의 차원에서 서로 다른 본질들이 가진 사회적 실천들의 배열이다. 이 서로 다른 본질들은 '상식'을 형성하고, 주어진 사회의 규범적 틀을 제공하는 몇몇 핵심적인 상징 기표들을 중심으로 단단히 접합된다. 헤게모니 투쟁의 목표는 기존 구성체의 침전된 실천들을 뒤트는 과정, 그리고 이 실천들을 바꾸고 새로운 실천들을 복원시키면서 새로운 헤게모니적 사회구성체의 결절점結節點을 구성하는 과정에 있다. 이 과정은 헤게모니적 기표들이 다시 접합되면서 제도화되는 필수 단계를 추진한다. 분명 민주주의는 평등권, 생산 수단의 사회적 전유, 그리고 대중주권과 접합될 때, 시장 자유, 사유재산, 그리고 규제 없는 개인주의와 접합될 때와는 전혀 다른 정치를 이끌어 나갈 것이며, 전혀 다른 사회경제적 실천들을 특징지을 것이다. 우리는 신자유주의가 헤게모니를 장악하게 되는 과정에서, 마거릿 대처가 어떻게 자유와 평등의 가치를 새롭게 만들어 신자유주의 기획이 실행될 수 있게 했는지를 보아 왔다.

헤게모니 구성체의 이행 과정에서 중요한 것을 파악하려면, 두 가지 분석 수준들을 방법론적으로 구분하는 것이 필요하다. 하나는 자유민주주의 정치체의 윤리-정치적 원리들이고, 다른 하나는 이 원칙들이 서로 다르게 각인된 헤게모니 형태들이다. 이러한 구분은 민주주의 정치를 위해 매우 중요하다. 왜냐하면, 이 구분은 사회의 자유민주주의 형태와 함께할 수 있는 다양한 헤게모니 구성체들을 드러내면서, 우리가 헤게모니적 전환과 혁명적 파열이 어떻게 다른지 생각할 수 있도록 한다.

자유-민주주의 사회는 그 합법성의 원리들을 구성하는 윤리-정치 원리들에 따라 제도적 질서를 상정한다. 그러나 이 사회는 이 원리들이 고유한 헤게모니 구성체에 접합되고 제도화되는 수많은 방식을 고려한다. 헤게모니적 전환에서 중요한 것은 자유-민주주의 레짐에 내재한 정치 원리들과 사회경제적 실천들 사이 여러 다른 접합에 기초한 새로운 역사적 블록을 구성하는 것이다. 헤게모니 질서가 이행하는 경우, 이 정치 원리들은 지속하지만, 여러 방식으로 해석되고 제도화된다. 이것은 정치 레짐의 총체적 파열, 그리고 새로운 합법성 원리의 채택을 의미하는 '혁명'의 경우가 아니다.

좌파 포퓰리즘 전략은 입헌적 자유-민주주의 틀 안에 새로운 헤게모니 질서를 구축하려는 것이지, 다원적 자유민주주의와의 급진적 단절, 그리고 완전히 새로운 정치 질서의 구축을 목표로 하는 것은 아니다. 이 전략의 목표는 민주주의 가치에 주도적 역할을 부여하면서, 신자유주의가 부정해버린 자유주의와 민주주의의 관계를 다시 접합시킬 새로운 헤게모니 구성체를 이끌 '대중'이라는 집합 의지를 구성하는 것이다. 민주주의 제도들을 회복시키고 급진화시키는 과정은 분명 지배적인 경제적 이해관계들이 파열되고 이 관계들과 대결하는 계기를 포함하게 되겠지만, 이 과정이 합법성의 자유민주주의 원리들을 포기를 요구하는 것은 아니다.

이러한 헤게모니 전략은 민주적 절차들을 통해서 정치 제도를 바꾼다는 점에서 기존 정치 제도와 연관되며, 개혁과 혁명 사이에서 빠진 잘못된 난제를 거부한다. 따라서 이 전략은 '극좌'의 혁명적 전략이나 정부 내에서의 단순한 교체만을 추구하는 사회민주주의 세력들의 무익한 개혁주의와는 완전히 다르다. 이 전략은 '급진적 개혁주의' 혹은 장 조레스Jean Jaures를 따라 '혁명적 개혁주의'라 불릴 수 있다. 왜냐하면 이것들은 여러 개혁의 전복적 차원, 그리고 이 개혁들이 비록 민주주의 수단을 통해서 추구되지만, 사회경제적 권력 관계 구조의 커다란 전환을 추구한다는 사실을 나타내기 때문이다.

보통 '좌파'로 이해되는 것의 스펙트럼 내에는 정치가 세 가지로 나눠질 수 있다. 첫 번째는 '순수 개혁주의'이다. 이것은 자유민주주의의 합법성 원리와 기존 신자유주의 헤게모니적 사회 구성체 모두를 수용한다. 두 번째는 '급진적 개혁주의'이다. 이것은 합법성 원리를 수용하지만 전혀 다른 헤게모니 구성체를 실행하려 한다. 마지막으로 '혁명적 정치'는 기존 사회 정치 질서와의 총체적 파열을 추구한다. 이 세 번째 범주에서 우리는 전통적인 레닌주의 정치뿐만 아니라, 국가와 자유민주주의 제도를 철저히 부정하려는 아나키스트들 혹은 '반란'insurrection의 옹호자들이 촉진하는 다른 형태의 정치도 발견하게 된다.

국가의 본질과 역할은 이 세 가지 형태들에 담긴 '좌파' 정치의 커다랗고 중요한 차이점을 만든다. 개혁주의 관점이 국가를 다양한 사회 집단의 이해관계를 조화시키는 역할을 가진 중립 기구로 생각하고, 혁명적 관점이 국가를 제거되어야 할 억압 기구로 보는 반면, 급진적 개혁주의 관점은 국가에 대해 다른 방식으로 질문한다. 그람시의 입장에서 보면, 급진적 개혁주의는 국가를 세력 관계의 결정화crystallization이자 투쟁의 지형으로 파악한다. 국가는 하나의 균일한 매개체가 아니라, 그 안에서 발생하는 헤게모니적 실천들에 의해서만 상대적으로 통합되는 부문들과 기능들의 불균등한 집합인 것이다.

헤게모니 정치에 대한 그람시의 주요 업적 중 하나는 '통합 국가'integral state라는 그의 구상이다. 그는 이 통합 국가를 정치 사회와 시민 사회 모두를 포함하는 것으로 파악했다. 이것은 시민 사회의 '국가화'statization가 아니라, 헤게모니 투쟁 지형으로 제시되는 시민 사회가 가진 심오한 정치적 성격에 대한 지칭으로 이해되어야 한다. 이 관점에서 볼 때, 정부의 전통적 기구와 함께 국가는 다양한 세력들이 헤게모니를 위해 경쟁하는 여러 기구들과 공적 공간들로 구성되기도 한다.

이 공적 공간들은 경합적 개입들을 위한 표면으로 그려지면서, 중요한 민주적 진전을 위한 지형을 제공한다. 이것이 다양한 국가 기구들을 전환시켜서 국가를 여러 민주주의 요구들을 표현하는 매개물vehicle로 만들기 위해서 헤게모니 전략이 이 기구들과 연관되어야 하는 이유이다. 중요한 것은 다원주의를 조직화해 가는 국가와 제도들이 '서서히 약해져 가는 것'withering away이 아니라, 이 제도들을 민주주의의 급진화 과정에 맡기기 위한 심도 깊은 전환이다. 목표는 국가 권력의 장악이 아니라, 그람시가 말한 대로, '국가가 되는 것'이다.

이 관점에 따라 '급진적' 정치를 어떻게 이해할 수 있을까? 관점에 따라 정치의 혁명적 유형과 헤게모니적 유형 모두 '급진적'이라 불릴 수 있다. 이 모두 기존 헤게모니 질서와의 파열을 의미하기 때문이다. 그러나 이 파열은 본질이 같지 않으며, 종종 발생하듯이 이 두 정치 유형에 '극좌'라는 동일한 꼬리표를 붙이는 것은 적절치 않다.

흔히 주창되는 것과 반대로, 좌파 포퓰리즘 전략은 '극좌'의 아바타가 아니라, 민주주의의 회복과 급진화를 통해 신자유주의와의 파열을 그려 내는 전혀 다른 방식이다. 신자유주의 질서에 대한 모든 비판에 극좌라는 꼬리표를 붙이면서 이 비판들이 민주주의에 위험한 것으로 보이게 하는 현상태 수호자들의 최근 동향은 기존 헤게모니 질서에 대한 모든 도전을 막아 내려는 음흉한 시도이다. 현재 신자유주의 헤게모니 구성체를 자유민주주의의 유일한 합법 형태로 받아들이든지, 아니면 자유민주주의를 완전히 부정하든지 둘 중의 하나를 선택하는 것으로 제한하면서 말이다.

흥미롭게도 민주주의의 급진화가 자유민주주의를 포기하려 한다고 단언하는 일부 좌파들 사이에서 똑같은 난제를 발견하게 된다. 몇몇 경우, 이 잘못된 난제는 자유민주주의 정치 제도와 자본주의적 생산 양식 사이에 광범위하게 퍼져 있는 혼란에서 진행된다. 이 접합이 지금까지 역사적으로 뜻밖의 부딪힘이었던 것이 사실이듯이, 이 접합은 우연적인 것이다.

정치적 자유주의가 반드시 경제적 자유주의를 수반하고 민주주의 사회는 자본주의 경제를 요구한다는 많은 자유주의 이론가들의 주장에도 불구하고, 분명한 것은 자본주의와 자유민주주의 사이 필연적 관계는 존재하지 않는다는 것이다. 불행하게도 마르크스주의는 자유민주주의가 자본주의 상부 구조라는 혼란을 초래하는 데 기여했다. 진정 유감스러운 것은 이런 경제주의적 접근이 자유주의 국가를 파괴하려는 일부 좌파 세력들 사이에서 여전히 받아들여지고 있다는 것이다. 오늘날 광범위한 민주주의 요구들을 진전시킬 수 있게 되는 곳은 바로 자유주의 국가에 있는 원리들—권력 분산, 보통 선거권, 다당제, 시민권—의 틀 안에서이다. 포스트 민주주의에 맞서 싸우는 것은 이 원리들을 철회하는 것이 아니라 지켜내고 급진화시키는 것이다.

이것은 자본주의 질서를 유일하게 가능한 것으로 받아들인다는 것을 뜻하지 않으며, 비록 자본주의 질서가 자유민주주의 정치 틀에 남는다 해도, 이것이 내가 옹호하는 급진 개혁주의 정치의 자본주의 생산 관계에 대해 도전을 막지는 못할 것이다. 이것이 정치적 자유주의와 경제적 자유주의를 구별하는 것이 중요한 이유이다.

민주주의를 급진화하는 과정은 필연적으로 반자본주의 차원을 포함한다. 반드시 도전받게 될 수많은 종속 형태들은 자본주의 생산 관계의 결과들이기 때문이다. 그러나 반자본주의 투쟁에서 노동 계급이 **선험적인** 특권적 역할을 가지고 있다고 확신할 아무런 이유도 없다. 확실히 반자본주의 투쟁에는 어떤 **선험적인** 특권적 장소가 있는 것이 아니다. 자본주의와 다양한 인구 집단들 사이에는 수많은 적대 지점들이 존재하며, 이것은 반자본주의 투쟁이 민주주의 원리들을 확장하는 것으로 예상할 때 다양한 반자본주의 투쟁들이 나타나게 될 것을 의미한다. 몇몇 경우에, 이 반자본주의 투쟁들은 투쟁에 관여된 사람들 사이에서 '반자본주의적'이라 인지되지 않을 수 있고, 많은 투쟁들이 평등의 이름으로 수행되고 민주주의를 위한 투쟁으로 파악될 것이다.

대중들은 자신들이 사회주의로 나가는 '역사 법칙'을 믿기 때문에 추상적 통일체로서의 '자본주의'에 맞서 싸우는 것이 아니다. 사람들이 행동하게 되는 것은 언제나 구체적인 상황에 기반을 둔다. 만일 그들이 평등을 위해 투쟁한다면, 그것은 다양한 지배 형태들에 대한 그들의 저항이 민주주의 가치들에 의해 영향을 받기 때문이며, 대중이 동원될 수 있는 지점은 바로 반자본주의의 이름이 아니라 그들의 실제 열망과 주체성을 언급하는 민주주의 가치들 사이에 있다. 심지어 데이비드 하비David Harvey와 같은 마르크스주의자들은 이와 같은 관점에 동의하는 듯하다. 하비는 다음과 같이 써내려 간다. '신보수주의자들의 권위주의에 의해 지지되는 신자유주의의 철저한 반민주적 속성은 분명 정치 투쟁의 주초점이 되어야 한다.'[25]

'극좌들'의 근본적인 실수는 항상 이것을 무시해 왔다는 것이다. 그들은 대중이 현실에서 어떻게 존재하는지가 아니라, 자신들의 이론에 어떻게 따라야 하는지에 대해 고민한다. 결국, 그들은 자신들의 역할이란 대중이 현실에 대한 '진실'을 깨닫게 하는 것이라고 이해한다. 극좌들은 대중이 알아가는 방식으로 대적자들을 지정하는 대신, '자본주의'와 같은 추상적 범주를 사용하면서, 이로 인해 대중이 정치적으로 행동하도록 동기를 부여하는 데 필요한 효과적인 차원을 이끌어내지 못하게 된다. 극좌들은 실제로 대중의 실제 요구에 둔감하다. 그들의 반자본주의적 수사rhetoric는 자신들이 대변하는 척하는 이해관계에 속한 집단들에게 아무런 울림도 만들어 내지 못한다. 이것이 극좌들이 언제나 주변부에 남는 이유이다.

좌파 포퓰리즘 전략의 목표는 집권하는 다수 대중을 만드는 것이며, 진보적 헤게모니를 구성하는 것이다. 이것이 어떻게 발생하는지에 대한 청사진이나 최종 목적지란 존재하

---

25. David Harvey, *A Brief History of Neoliberalism*, (New York: Oxford University Press, 2005). p. 205.
데이비드 하비, 2017, 『신자유주의: 간략한 역사』, 최병두 옮김, 한울아카데미, 246쪽

지 않는다. '대중'이 구성될 등가사슬the chain of equivalence은 역사적 환경에 달려 있다. 그 동학은 참조해야 할 모든 맥락들contextual reference로부터 고립되어 결정될 수는 없다.

이 전략이 만들어 내려는 새로운 헤게모니에도 마찬가지이다. 논의 지점은 이미 정해진 프로그램을 가진 '포퓰리즘 체제'의 수립이 아니라, 민주주의의 회복과 심화를 보장할 헤게모니 구성체를 만드는 것이다. 이 헤게모니는 동반되는 고유한 궤도들에 따라 각각 다른 이름을 취할 것이다. 이것은 '민주적 사회주의', '생태 사회주의', '결사체 민주주의' 또는 '참여 민주주의' 등으로 보일 수 있다. 모든 것은 맥락과 국민적 전통들에 따라 달라질 것이다.

이름이 무엇이든 간에 중요한 것은 '민주주의'란 다양한 투쟁들이 접합된 헤게모니적 기표라는 것이고, 정치적 자유주의란 철회되지 않는다는 인식이다. 어쩌면 노베르토 보비오Norberto Bobbio가 자유민주주의 제도들과 여러 사회주의적 특성들을 가진 경제적 틀을 결합시킨 사회구성체를 지칭하기 위해 사용한 '자유사회주의'liberal socialism가 적절한 용어일지도 모른다.

보비오는 사회주의를 국가와 경제의 민주화로 이해하면서, 사회주의와 자유민주주의의 접합에 대한 몇몇 연구를 통해 민주적 사회주의가 일종의 자유사회주의가 되어야 함을 주장한다.[26] 사회주의의 목표를 자유민주주의 가치의 심화로 나타내는 과정에서, 보비오는 단호하게 그 목표의 실현은 입헌 정부나 법의 통치와의 단절을 요구하는 것이 아니라고 주장한다. 그는 사회주의 목표들은 오직 자유민주주의 틀 안에서만 실현될 수 있다고 주장하면서, 이 목표들이 자유민주주의 틀 내에서 실현될 수 있다는 주장을 강력히 옹호한다.

이러한 방식에서 그려지듯이, 민주주의의 급진화 기획은 사회적 자유주의로 변형되기 전의 사회민주주의와 몇 가지 특징들을 공유한다. 하지만, 이것은 단순히 자본과 노동 사이 전후 협약 모델로 돌아가는 것은 아니다. 이러한 모델은 더는 작동하지 않을 것이다. 새로운 민주주의 요구들을 고려해 보면, 환경 보호는 분명 전후 모델로 되돌아가는 것이

26. 예를 들어, Norberto Bobbio,, *The Future of Democracy: A Defence of the Rules of the Game*, trans. Roger Griffin, (London: Polity Press, 1987).
노베르또 보비오, 1989, 「민주주의의 미래」, 윤홍근 옮김, 인간사랑.
그리고 'Which Socialism?: Marxism', *Socialism and Democracy*, trans. Roger Griffin, (London: Polity Press, 1987).
'어떤 사회주의를 원하는가?', 『마르크스주의 국가이론은 존재하는가?』, 1992, 구갑우 편집, 의암출판문화사, 를 참고하라.

가능하지 않은 주요 이유 중 하나이다. 소비자의 수요와 경제성장을 촉진하는 방식을 취하는 케인즈식 해법은 환경 파괴의 동력이다. 다음 장에서 주장하겠지만, 급진 민주주의 기획은 생태적 위기의 도전을 받아들이면서 생태적이고 사회적인 질문들을 접합시켜야 한다. 새로운 발전 양식을 중심으로 민주주의 전통과 사회주의 전통들의 핵심 지점들을 새롭게 종합하는 상상이 필요하다.

이 글의 앞에서 언급했던 것처럼, 급진 민주주의를 이해하는 많은 방식이 있고, 여러 차이와 의견 충돌들은 고려할 가치가 있다. 급진 민주주의에 대한 내가 내린 정의와 다른 여러 정의들 사이 주된 의견 충돌은 종종 여러 급진 민주주의 이론가들이 모순 어법이라고 주장하는 대의제 민주주의에 대한 질문과 관련이 있다. 예를 들어 이들 중 몇몇 이론가들은 최근 몇 년간 우리가 목격해 온 저항 운동들은 대의제 민주주의의 종말을 예고하고, 비非대의제 민주주의, '실질적 민주주의'democracy in actu를 위한 외침을 나타낸다고 주장한다. 『경합적인 것들』Agonistics에서 나는 이 관점을 비판하면서 우리는 대의제 민주주의 '그 자체'의 위기가 아니라, 이 대의제 민주주의가 최근 포스트 민주주의의 화신이 되어 버린 위기에 직면해 있다고 주장했다.[27]

이 위기는 경합적 대결이 없기 때문이며, 해결책은 '비대의제' 민주주의를 세우는 것에 있지 않다. 의회를 넘어선 extra-parliamentary 투쟁만이 민주적 진전을 만드는 수단이라는 사고와 대결하면서, 나는 마이클 하트Michael Hardt와 안토니오 네그리Antonio Negri가 옹호한 '도주'desertion와 '탈출'exodus 전략 대신, 필요한 것은 국가와 대의제 제도, 그리고 이 모두를 완전히 바꾸고자 하는 목표에 대한 '참여' engagement 전략이라고 주장했다.

하트와 네그리가 자신들의 책 『어셈블리』Assembly에서 탈출 전략에 대한 자신들의 입장을 크게 바꾸었다는 것은 주목할 만하다. 그들은 여기서 다중Multitude이 탈출과 탈퇴의 길을 따르지 않아야 하며, 다중은 집권을 피할 수 없다고 선언하면서도 '다르게 집권할' 필요성에 대해 주장한다.[28] 이것이 의미하는 바가 그리 분명치 않으며, 어떤 경우에도 그들은 다중 스스로 조직화 할 수 있다는 생각을 포기한 것으로 보이지는 않는다. 만일 그들이 여기서 리더십의 역할을 인식

---

27. Chantal Mouffe, *Agonistics: Thinking the World Politically*, (London and New York: Verso, 2013), chapter 6.

28. Michael Hardt and Antonio Negri, *Assembly*, (New York: Oxford University Press, 2017), p. 288.

한다면, 그들은 그 역할이 전술적 결정을 내리는 것에 제한되어야 한다고 주장한다. 전략적 결정은 다중에게 예비되어야 하기 때문이다. 그들은 이에 대해 다음과 같이 언급한다.

'리더십'은 상황에 따라 끊임없이 전개되기도 하고 기각되기도 하면서, 다중에 종속되어야 한다. 리더는 이 맥락에서 여전히 필요하고 가능하지만, 이것은 오직 리더들이 생산적 다중을 위해 일하기 때문이다. 이것은 리더십의 제거가 아니라, 리더십을 구성하는 정치적 관계의 전도, 즉 수평적 운동과 수직적 리더십을 연결하는 양극성의 역전인 것이다.[29]

하트와 네그리는 이 역전 때문에 좌파와 우파를 포함하는 모든 포퓰리즘 유형들과 직면하는 문제를 피할 수 있다고 주장한다. 모든 포퓰리즘은 '한 줌의 정치 파벌이 대중 권력에 끊임없이 립 서비스를 제공하면서도 궁극적으로 통제와 의사 결정을 해 나간다는 핵심적인 역설에 의해 특징지어진다고 한다.'[30]

하트와 네그리가 가진 관점의 중심에는 '공유재'the

29. 같은 책, p. xv.
30. 같은 책, p. 23

common이라는 관념이 있다. 이 공유재는 사유 재산과 공적 재산 모두와 대조되면서 정의되고 있으며, 그들의 연구가 가진 핵심 지점을 구성한다. 이 점에 있어서 그들의 책『어셈블리』는 이전에 쓴 책『공통체』*Commonwealth*를 통해 분석한 내용을 따른다. 여기서 그들은 생명-정치적bio-political 생산이 다중의 민주주의 조건을 창조한다고 주장한다. 생명-정치는 '공유재'를 표현하는 경제적이고 정치적인 주체성들을 형성해 내기 때문이다. 노동이 점차 자본 개입의 필요성 없이 협력을 생성해 나가게 되면서, 생명-정치적 생산은 노동에 새로운 민주적 능력을 가져다 주게 된다는 것이다. 그들에 따르면, 따라서 '공유재'의 원리 위에 세워진 사회는 이미 정보화 과정과 인지 자본주의cognitive capitalism의 발전을 통해 진화하고 있다.

　이미 많은 비판을 받아 온 생산 과정에 대한 그들의 분석이 가진 가치와는 별도로, 그들이 칭송하는 '공유재'에서 내가 발견한 문제는 이것이 사회 조직화의 주요 원리를 제공한다는 생각이다. '공유재'에 대한 이러한 칭송이 가진 중요한 문제는 가시적인 다양한 차이에도 불구하고 다른 많은 이론가들의 연구에서도 발견되고 있는데, 이 문제는 부정성과 적대에서 벗어난 다양체multiplicity에 대한 구상을 상정하다 보니, 사회 질서가 가진 필연적으로 헤게모니적인 본질을 인식할 수 있는 여지를 공유재에 대한 칭송이 만들지 못한다는 것이다. 하트와 네그리의 경우, 대표성과 주권에 대한 그들의 거부는 급진 민주주의에 대한 내 구상이 표현되는 존재론과는 확실히 모순적인 내재주의적 존재론 immanentist ontology에서 기인한다.

우리는 또한 민주주의의 급진화에 대한 또 다른 제안에 담긴 대표성에 대한 비판을 찾을 수 있다. 이 경우, 추첨이나 제비뽑기에 의한 선출이라는 고대의 관습이 우리 민주주의 사회에 최근 영향을 주고 있는 대표성의 위기에 대한 처방으로 여러 이론가들에 의해 제시되고 있다. 추첨제의 지지자들은 대의제 민주주의란 대중을 권력에서 배제하기 위해 발명되었고, 진정한 민주주의 질서를 세우는 방법은 오직 선거 모델을 철회하고 이것을 추첨으로 대체하는 것이라고 주장한다.[31]

이 관점은 결점이 있다. 이것은 대표성을 선거제도로 축소하고, 다원 민주주의에 담긴 대표성의 역할을 인정하지 못하고 있기 때문이다. 사회는 권력 관계와 적대에 의해 분

---

31. 예를 들어, David Van Reybrouck, *Against Elections: The Case for Democracy*, trans. Liz Waters, (London: Vintage, 2016)을 보라.

화되고 교차되며, 대의제는 이러한 갈등적 차원의 제도화를 고려하는 과정에서 중요한 역할을 한다. 예를 들어 다원 민주주의에서 정치 정당은 사람들이 자신이 속한 사회적 세계를 이해하고, 이 세계의 단층선들fault lines을 인지하도록 하는 담론적 틀을 제공한다.

우리가 만일 사회적 행위자의 의식이 그들의 '객관적' 위치에 대한 직접 표현이 아니고, 이 의식이란 언제나 담론적으로 구성된다고 인정한다면, 분명 정치적 주체성들은 경쟁하는 정치 담론들에 의해 형성되고, 정당은 이러한 정치 담론의 경쟁 속에서 핵심이라 할 수 있다. 이 담론들은 대중이 사회적 세계 속에 자신들의 위치를 세우도록 하며, 그들의 삶의 경험에 의미를 부여하는 상징적 표식을 제공한다. 하지만, 최근 몇 년간, 이 상징적 공간들은 점점 다양한 본질들의 다른 담론들이 차지해 나갔고, 이것은 민주주의 사회에 대한 아주 부정적인 결과를 가져왔다. 탈정치적 전환으로 인해, 정당들은 상징적 역할에 대한 자신들의 권력을 잃었지만, 이것이 정당 없이 민주주의가 견뎌 나갈 수 있다는 결론으로 나가서는 안 된다. 내가 반복해서 주장해 왔듯이, 다원주의를 조화로운 반反 정치적 형태로 파악하지 않고, 언제나 적대가 존재할 가능성을 인정하는 다원 민주주의 사회는

대표성 없이는 존재할 수 없다

실제로 다원주의는 헤게모니 기획들 사이의 경합적 대결을 상정한다. 집합적 정치 주체들이 만들어지는 방식은 바로 대표성을 통해서이다. 이 집합적 정치 주체들은 앞서서 존재하지 않는다. 정치적 주체의 집합적 본질을 인정하지 않고 개인주의적 관점에 기초해서 민주주의의 행사를 그려내는 추첨과 같은 모델 속에서 민주주의 위기에 대한 해법을 찾으려는 대신, 진동하는 민주주의에 내재한 경합적 역동성을 회복하는 것이 시급하다. 추첨에 의한 선택은 더 좋은 민주주의를 시행하려는 절차가 되려 하기보다는, 구성적인 사회적 연결에 전혀 방해받지 않는 개인들이 자신의 개별 의견을 옹호하려는 지형으로 정치 전망을 조성한다.

기존 대의제가 가진 주요 문제는 진동하는 민주주의의 중요한 조건인 사회의 여러 다른 기획들 사이 경합적 대결을 고려하지 않는다는 것이다. 시민들의 목소리를 빼앗는 것은 대표성 그 자체가 아니라 바로 이 경합적 대결의 결핍인 것이다. 해결방안은 대표성을 제거하는 데 있는 것이 아니라, 우리 제도를 더욱 대표적이게 만드는 것이다. 이것이 진정 좌파 포퓰리즘 전략의 목표인 것이다.

4
대중의 구성

　라클라우와 내가 『헤게모니와 사회주의 전략』을 쓸 당시, '신사회운동'의 요구들을 인식하고, 이 요구들과 전통적인 노동운동의 요구를 접합시킬 필요성 또한 인식한다는 것은 좌파 정치에 대한 도전이었다. 오늘날 이 요구들에 대한 인식과 타당성은 훨씬 높아졌으며, 신사회운동의 많은 요구들은 좌파의 의제로 통합됐다. 사실 논쟁적이지만, 현재 상황은 30년 전 우리가 비판했던 것과 정반대이고 오늘날 무시되는 것은 '노동계급'의 요구라 할 수 있다.

　당시와 현재의 또 다른 차이는 당시 적대가 복지국가의 붕괴로부터 발생했다면, 오늘날 수많은 인구 집단에 영향을 미치는 새로운 적대들이 신자유주의에서 시작했다는 것이다. 이러한 적대들 중 일부는 데이비드 하비가 '탈취에 의한 축적'accumulation by dispossession이라 부르는 현상 때문이다. 이 용어를 통해 하비는 사유화·금융화와 같은 핵심적인 신자유주의 실천들이 연쇄적으로 추진되면서 일부 소수에게 부와 권력이 집중화되는 과정을 설명한다. 그는 이러한 실천들이 일으키는 투쟁의 새로움을 강조한다.

탈취에 의한 축적은 산업 및 농업에서 임금노동의 확대를 통한 축적과는 상이한 일단의 관행들을 동반한다. 1950년대 및 1960년대 자본 축적 과정을 지배했던 후자의 축적은 착근된 자유주의를 창출한 (노조와 노동계급 정당에 착근된 것과 같은) 저항문화를 유발했다. 다른 한편 탈취는 (여기에서는 민영화, 저기에서는 환경 퇴락, 또 다른 곳에서는 부채에 의한 금융 위기가 일어나는 식으로) 파편적이고 특정적이다.[32]

또 다른 이론적 관점에서 보면, 새로운 적대들의 출현은 모든 생활 영역에서 생명-정치적 신자유주의의 통치성이 스며드는 효과를 가리키는 이론가들에 의해서도 강조된다.

32. David Harvey, *A Brief History of Neoliberalism*, (New York: Oxford University Press, 2005), p. 178.
데이비드 하비, 2017, 「신자유주의: 간략한 역사」, 최병두 옮김, 한울아카데미, 215쪽

분명한 것은 신자유주의 시대에는 갈등 영역이 크게 확장되었다는 것이다. 어떤 의미에서 보면, 이 상황은 어떤 기회를 제공한다. 왜냐하면 신자유주의 정책에 영향을 받은 사람들이 일반적으로 전통적 좌파 유권자라 여겨지는 사람들보다 훨씬 많기 때문이다. 따라서 민주주의 급진화 기획은 지금까지 좌파를 지지해 오지 않았던 선거구민들에게 호소할 수 있고, 적절한 헤게모니 정치로 인해 이전보다 더 많은 사람들이 진보적 대안을 위해 모일 수 있게 된다. 그럼에도 불구하고, 이것은 또한 집합 의지에 담긴 민주주의 요구들의 접합을 훨씬 복잡하게 만든다. 왜냐하면 오늘날 우리는 이 민주주의 요구들이 가진 훨씬 더 큰 다양성과 이질성에 직면해 있기 때문이다.

'노동자들'이 점차 파편화되고 다양화되는 현상과 다양한 민주주의 요구들이 가진 특이성을 고려해 보면, 좌파 포퓰리즘 전략을 위한 도전은 '사회적 질문'의 중요성을 거듭 주장하는 것에 있다. 이것은 착취, 지배, 또는 차별에 관한 쟁점들을 둘러싼 다양한 종속 형태들을 다루는 기획을 중심으로 하는 '대중'의 구성을 요청한다. 지난 30년간 특수한 관련성을 얻게 되었고 오늘날 특히 시급히 다뤄야 할, 하나의 질문을 특별히 강조해야 한다. 이것은 바로 지구의 미래이다.

'생태학적 질문'이 의제 중심에 있지 않은 민주주의 급진화 기획을 상상하는 것은 불가능하다. 따라서 사회적 질문에 생태적 질문을 포함하는 것이 중요하다. 분명히 이것은 우리 삶의 방식에 커다란 변화를 요청하는 것이며, 여러 다양한 저항들이 극복되어야 할 것이다. 생산주의 모델을 철회하고, 필요한 생태적 이행을 수행하는 것은 정말로 그람시적인 '지적이고 도덕적인 개혁'intellectual and moral reform을 요구할 것이다. 이는 분명 쉽지는 않겠지만, 열정적이고, 잘 구성된 생태적 기획은 오늘날 신자유주의 헤게모니 블록 내부에서 일부를 그 밖으로 유인할 수 있는 미래 민주주의 사회가 가진 매력적인 전망을 제공할 수도 있을 것이다.

우리 사회가 가진 주요 균열은 신자유주의 지구화의 '패자'와 '승자' 사이에 있으며, 이들의 이해관계는 화해될 수 없다고들 말한다. 확실히 이러한 균열은 존재하며, 분명 두 진영은 적대적인데, 이 적대는 99% 대 1% 사이 대결로 간단히 그려질 수는 없다. 그럼에도 불구하고, 나는 신자유주의 모델로부터 혜택을 입은 사람들 중 누군가는 신자유주의가 환경에 끼칠 중대한 위험을 각성하게 되고, 그들의 후손을 위한 인류의 미래를 보장할 사회 기획에 설득될 수 있을 것이라 믿는다. 희망적인건, 민주적이고 생태적인 가치들의 이름으로 신자유주의 모델에 맞서는 대항 헤게모니 투쟁은 신자유주의 모델이 의존하는 역사적 블록을 뒤틀면서 급진적이고 민주적인 집합 의지의 범위를 확장하는 데 기여할 것이다.

나는 민주주의의 급진화에 찬성하는 사람들 모두가 이것이 필요하다거나 심지어 집합 의지에 다양한 투쟁들을 접합시키는 것을 바람직하게 여기는 것은 아니라고 생각한다. 사실 좌파 포퓰리즘 전략에 자주 제기되는 반론은 '대중'이 창조되는 과정에 민주주의 요구들을 묶어 내는 것은 다양성을 부정하는 획일화된 주체를 만들게 된다는 것이다. 이와 같은 시도는 다양한 투쟁들이 가진 고유성을 삭제하게 되기 때문에 반드시 거부되어야 한다. 조금은 결이 다른 반론이 있는데, 이것은 포퓰리즘이 구상하는 '대중'은 시작부터 획일화된 것으로 그려지며, 이 관점은 민주적 다원주의는 양립할 수 없다는 것이다.

이러한 반론들은 좌파 포퓰리즘 전략이 '대중'이란 경험적 지시 대상이 아니라 담론적 정치 구성물이라고 보는 반본질주의 접근법에 의해 제공된다는 사실을 이해하지 못하거나 이해하지 않으려 하면서 발생한다. 대중은 수행적 접합 performative articulation에 앞서 존재하지 않으며, 사회학적 범주를 통해 파악될 수도 없다. 이러한 비판들은 대중이 구성되는 작동방식에 대한 이해 부족을 드러낸다. 집합 의지가 등가사슬을 통해 만들어졌듯이, 대중은 모든 차이가 어떤 식으로든 통일성으로 환원되어 버리는 획일화된 주체가 아니다.

자주 언급되듯, 우리는 구스타프 르봉Gustave Le Bon이 주장하는 것처럼, 완전히 획일화된 집단을 만드는 과정에서 모든 차이의 구별이 사라져 버린 형태인 '군중'mass과 직면해 있는 것이 아니다. 대신 우리는 한 집단 안에 있는 차이를 구별하면서 다양하고 이질적인 요구들 사이에 등가를 만들어가는 접합 과정에 있다는 것을 알게 된다. 라클라우는 다음과 같이 구체화한다. '이것은 각각의 개별 요구들이 구성적으로 분리된다는 것을 의미한다. 한편으로 각각의 요구는 특수화된 요구 그 자체이고, 다른 한편으로 이것은 등가적 연결을 통해서 다른 요구들의 총체성을 가리킨다.'[33]

라클라우와 내가 계속해서 강조해 왔듯이, 등가 관계는 모든 차이가 정체성 안으로 무너져 버리는 것이 아니라, 여

33. Ernesto Laclau, "Populism: What"s in a Name?", in *Populism and the Mirror of Democracy*, ed. Francisco Panizza, (New York and London: Verso, 2005), p. 37.

전히 활동적인 관계이다. 만일 이러한 차이들이 제거된다면, 그것은 등가가 아니라 그저 하나의 정체성일 뿐이게 된다. 민주적 차이들을 모두 부정하는 힘이나 담론에 반대하는 한에서 이 모든 민주적 차이들은 서로를 대체할 수 있게 된다. 이것이 바로 등가사슬을 통해 집합 의지를 구성할 때 대적자를 지정해야 하는 이유이다. 이러한 움직임은 '우리'를 '그들'과 분리하는 정치적 경계를 설정하는 데 필수적이며, 이 정치적 경계는 '대중'의 구성에 결정적이다.

내가 강조하고자 하는 것은 '등가사슬'이란 단지 기존 정치적 주체들의 연합이 아니라는 것이다. 또한, 우리는 이미 구성된 대중이 기존 대적자와 대결하는 상황을 다루는 것도 아니다. 대중과 대중의 대적자를 규정하는 정치적 경계는 정치 투쟁을 통해서 구성되며, 대중과 정치적 경계는 대항 헤게모니적 개입에 언제나 민감하게 반응한다. 좌파 포퓰리즘 전략이 접합하려고 하는 민주주의 요구들은 서로 다르며, 이것은 민주주의 요구들이 등가사슬에 접합되어야 하는 이유이다.

이러한 접합 과정은 매우 중요하다. 바로 이 요구들이 등가사슬에 각인되면서 각각의 요구가 정치적 의미를 획득하게 되기 때문이다. 중요한 것은 이 요구들이 어디에서 발생했는가라기보다는 다른 요구들과 어떻게 접합되는가이다. 우파 포퓰리즘 사례가 보여 주듯, 민주주의를 위한 요구들은 외국인 혐오적 어휘들과 접합될 수 있으며, 이 요구들이 자동으로 진보적 특성을 갖게 되는 것도 아니다. 바로 이주민이나 페미니스트들의 요구와 같은 다른 민주주의 요구들과의 등가 관계에 들어오게 될 때 비로소 이 요구들은 급진 민주주의 차원을 획득하게 된다. 물론 이것은 또한 여성, 이주민 또는 차별에 맞서는 다른 여러 집단으로부터 진행된 요구에도 마찬가지이다.

우리는 본질적으로 해방적이면서, 정해진 목표가 절대 바뀌지 않는 투쟁들이 존재한다는 것을 당연하다고 생각해서는 안 된다. 오늘날 발전하고 있는 생태주의가 명백히 반민주적인 특징과 결합하고 있는 모습들은 신자유주의 모델에 대한 거부가 민주적 진전을 보장하는 것은 아니라는 경고로 이해되어야 한다. 다른 영역에서처럼, 생태주의와 관련한 접합에 대한 질문은 중요하며, 이것은 민주주의를 급진화시키는 기획과 동일화시키는 과정을 둘러싼 생태주의적 질문과 사회적 질문들을 연결하는 것이 핵심적인 이유이다.

등가사슬은 획일화된 주체를 생산하지 않는다는 앞선 내 주장과 일치하는 방식으로 어떻게 급진 민주주의와 동일화시키는 과정을 그려 낼 수 있을까? 이 질문을 적절히 다루기 위해서는 사회적 행위자란 이 행위자에게 각인되어 있는 다양한 사회적 관계들과 부합하는 구체적 담론들 안에서 구성된다고 파악해야 한다. 이 사회적 관계들 사이에는, 정치 공동체에 각인된 사회적 행위자에 상응하는 위치가 존재한다. 그 위치는 '시민'이다.

바로 '시민'으로서 사회적 행위자는 정치 공동체 수준에서 개입하게 된다. 시민권은 다원적 자유민주주의의 중심 범주가 되면서, 정치에 대한 매우 다른 구상들을 자유자재로 구사하는 다양한 방식 속에서 이해될 수 있다. 자유주의는 시민권을 단순한 법적 지위로 그려 내면서 시민을 '우리'와 동일화되지 않는 권리의 개별 담지자로 이해한다. 그러나 민주주의 전통에서 시민권이란 일반적 이해관계에 대한 특정한 생각에 따라 정치 공동체에 적극적으로 개입하고, '우리'의 일부로서 행동하는 것으로 생각된다. 이것 때문에 시민권에 대한 급진 민주주의 구상을 발전시키는 것은 포스트 민주주의에 맞서 싸우는 데 핵심이 된다.

이러한 구상을 발전시키기 위해, 우리는 정치 공동체에 대한 적극적 참여를 강조하는 시민공화주의적civic republican 전통 속에서 어떤 영감의 원천을 찾게 된다. 마키아벨리

Machiavelli로부터 영감을 얻은 '평민적'plebeian 판본의 시민 공화주의는 다원주의를 위한 여지를 만드는 방식으로 재형성될 때, 신자유주의 헤게모니 속에서 끊임없이 공격받아 왔던 집합 행동collective action의 중요성과 공공 영역의 가치를 다시 주장하는 데 기여할 것이다.

자유주의적이고 민주적인 관점은 언제나 갈등 관계에 있었지만, 케인즈식 복지국가 시대에는 자유주의적 개인주의가 사회민주주의적 실천 때문에 억제되었다. 사회민주주의적 상식은 신자유주의 공세에 의해 약해지기 전까지는 대체로 우세했다. 우리는 대처주의 아래에서 시민이 어떻게 '납세자'로 대체되었는지, 자유라는 정치 관념이 어떻게 자유 시장이라는 경제 관념과 접합되었는지, 그리고 민주주의가 어떻게 선거 절차로 축소되었는지를 보아 왔다. 신자유주의 헤게모니에 맞서는 대항 헤게모니 투쟁의 중요한 전투는 포스트 민주주의 전망의 급소인 '소비자'로서의 시민이라는 개인주의적이고 여전히 지배적인 구상을 대체하면서, 시민들이 목소리를 내고, 자신들의 권리를 실천하는 영역인 '공공'을 다시 나타나는 데 있다.

『정치적인 것의 귀환』The Return of the Political34에서, 나는 모든 이들을 위한 자유와 평등이라는 자유민주주의 정치체의 윤리-정치적 원리들이 지배하는 '수행 문법'grammar of conduct으로 시민권 구상을 제시했다. 이 원리들은 다르게 해석될 수 있어서, 사람들이 민주 시민으로 스스로 일치시키고 행동하는 다양한 방식들이 존재하게 된다. 예를 들어, 급진 민주주의적 해석이 강조하는 수많은 사회적 관계들에는 지배 관계들이 존재하며, 이 지배 관계들은 자유와 평등 원리들의 적용을 통해 도전받아야 하는 반면, 시민권에 대한 사회민주주의 차원의 구상은 사회적이고 경제적인 권리들을 위한 투쟁을 특권화한다. 시민권에 대한 급진 민주주의적 구상은 다양한 민주주의 투쟁들에 속한 개인들의 공통된 동일화 과정을 제시하면서 등가사슬을 통해 '대중'이 구성되는 장소를 만들 수 있다. 정치적 목표가 민주주의의 급진화인 시민을 동일화시킨다는 것은 사회적 행위자들을 통합시키는 것이 무엇이고, 수많은 상이한 기획들에 누가 참여하게 되는가의 문제이면서도, 자유와 평등이라는 윤리정치적 원리들을 광범위한 사회적 관계로 확장하게 될 때 누구의 '수행 문법'이, 그리고 언제 시민으로서 행동하는지가

---

34. Chantal Mouffe, *The Return of the Political*, (New York and London: Verso, 1993), chapter 4.
   샹탈 무페, 2007, 『정치적인 것의 귀환』, 이보경 옮김, 후마니타스, 4장, 참조.

정해지는 문제인 것이다.

자유와 평등을 위한 투쟁들이 교차 발생하는 구체적인 사회적 관계에 속한 사회적 행위자와 관련된 쟁점들 외에 다른 쟁점들이 있다. 이 쟁점들은 급진 민주주의 기획을 정식화하는 데 매우 중요한 국가의 전환을 고려하는 공동 행동을 필요로 한다. 교육의 경우처럼, 급진 민주주의 과제가 추구하는 수많은 평등주의적 목적들은 국가가 개입하기 때문에 비로소 달성될 수 있다. 이 개입은 관료적이거나 권위주의적인 방식으로 이해되어서는 안 되며, 국가의 역할은 시민들이 공공 서비스의 책임을 지고 민주적으로 준비해 나갈 수 있는 조건을 제공해야 하는 것이다.

시민권을 정치적 '수행 문법'으로 파악하는 것은 사람들이 자신들의 구체적인 '주체성들'subjectivities을 가지고서 다양하고 상이한 사회적 관계들에 속해 있으면서, 동시에 급진 민주주의 기획과 동일화된 '대중'의 일부가 되는 것이 가능하다는 것을 보여 준다. 민주주의를 급진화하기 위해 정치적 수준에서 시민으로서 행동한다는 것이 다른 형태의 동일화 과정을 폐기하는 것을 의미하는 것은 아니며, 이렇게 행동하는 것은 보다 더 시의적절한 내용을 담은 민주주의 투쟁들에 참여하는 것과 완벽하게 조화를 이루게 된다. 확실히 급진 민주주의 시민권은 이와 같은 다양한 참여를 촉진한다. 이것이 좌파 포퓰리즘 전략이 다양한 결사체와 사회운동뿐만 아니라 대의제 제도 내에서도 '수직적' 개입과 '수평적' 개입의 접합을 요구하는 이유이다. 좌파 포퓰리즘 전략은 또한 다양한 지배 형태들에 도전하는 수많은 실천과 삶에 대한 새로운 평등주의적 형태를 실험하는 실천들 사이의 시너지 효과를 만들어 내려고 한다.

예를 들어, 포데모스Podemos나 굴복하지 않는 프랑스La France Insoumise에 시민으로 참여하는 사람들은 보다 구체적인 쟁점들에 집중하는 여러 민주주의 실천과 투쟁들에 참여할 뿐만 아니라, 다양한 대의제 제도들에도 개입할 것이다. 급진 민주주의 시민들이라는 '우리'에 참여하는 것은 다른 여러 '우리'들에 참여하는 것을 배제하지 않는다.

다만 여기에서 분명히 해야 할 지점이 있다. 내가 제시하는 시민권의 실행 영역을 확장한다는 것이 모든 민주적 결정들이 시민적 자질을 가진 사회적 행위자들에 의해 내려져야 한다는 것은 아니다. 사회적 행위자들을 정치 공동체의 구성원으로 고려하는 쟁점을 다른 사회적 관계가 필요하면서 특수한 공동체들을 고려하는 쟁점들과 구별하는 것이 중요하다. 그렇지 않으면, 이것은 결국 자유의 가치를 존중하는 급진 민주주의 구상에 필수적인 다원주의를 부정하는 전체화 관점totalizing view이 되고 말 것이다.

내가 제시하는 시민권의 급진 민주주의적 구상은 앞서 주장했듯이 제도에 참여하는 급진 개혁주의 정치와 밀접하게 연관되어 있다. 이것은 국가를 민주주의 정치에서 매우 중요한 현장으로 파악하고 있다. 왜냐하면, 국가는 시민들이 정치 공동체 조직화를 결정할 수 있는 공간을 구성하기 때문이다. 정말로 국가는 대중주권이 실행될 수 있는 곳이다. 그러나 이것은 경합적 대결의 조건이 존재한다는 것을 상정하고 있으며, 이것이 바로 신자유주의적 탈정치 합의와의 단절이 반드시 이뤄져야 하는 이유이다.

자유주의자들이 그런 체하는 것과 반대로, 국가는 중립적 지형이 아니다. 국가는 언제나 헤게모니적으로 구조화되어 있고, 대항 헤게모니 투쟁을 위한 중대한 장소를 구성한다. 그러나 국가만이 개입할 수 있는 유일한 공간은 아니다. 따라서 정당과 운동 사이 대결 또는 의회 투쟁과 비의회적 투쟁 사이 대립은 거부되어야 한다. 민주주의의 경합적 모델에 따르면, 사람들이 민주주의를 급진화하기 위해 개입해야 하는 수많은 경합적 공공 공간들이 존재한다. 의회라는 전통적 정치 공간도 정치적 결정이 내려지는 유일한 공간이 아니다. 그러나 대의제가 중요한 역할을 유지하거나 회복해야 하면서도, 새로운 민주적 참여 형태가 민주주의의 급진화를 위해 반드시 필요하다.

앞 장에서 나는 급진 민주주의에 대한 순수한 수평주의적 구상에 반대하는 주장을 펼쳤지만, 그렇다고 해서 내가 오늘날의 대의제 민주주의 형식에 우호적이라는 것은 아니다. 내가 제안하고 있는 민주주의 급진화 기획은 자유와 평등이 시행되어야 하는 공간과 사회적 관계에 따라 달라지는 여러 다른 민주적 참여 형태들의 조합을 그려 내고 있다. 누군가는 다양한 대의제 형태와 대표 선출 양식의 접합을 상상할 수 있다. 어떤 경우에는 직접 민주주의 형식들이, 또 어떤 경우에는 참여 민주주의 방식들이 적합할 수 있다. 나는 비록 직접 민주주의와 추첨제 방식이 배타적인 정치적 결정 양식으로 생각되는 경우 이에 비판적이긴 하지만, 이 방식들이 대의제 제도와 함께 구체적인 경우에 따라 배치되는 것에 문제가 있다고 보지 않는다. 대의제 민주주의를 향상시키고, 보다 책임 있도록 만드는 방법들은 정말로 많이 있다. '공유재'the commons라는 최신 개념과 관련하여, 나는 한편으로 이것이 사회 조직화를 위한 일반 원리로서 적절하다고 보지는 않지만, 몇몇 영역에서 '공유재화'commoning의 실천은 물처럼 '공유재'의 일부로 재조직화되어야 하는 상품의 사유화 과정에 맞서 싸우는데 중요한 역할을 할 수 있다고 생각한다. 제안되는 정치적 모델이 사회란 분할되고 모든 질서는 헤게모니적으로 구조화된다는 사실을 인정하게 되면, 민주적 절차들의 수많은 배열 방식들이 가능하게 된다.

나는 앞서 시민권에 대해 고려한 부분에 다음과 같은 내용을 추가하려 한다. 대중을 구성하는 헤게모니 작용은 집합 의지를 구성하는 다양한 민주주의 요구들을 등가사슬에 연결하는 접합 원리를 요구한다는 것이다. 이 접합 원리는 여러 다른 국면들에 따라 다양해지며, 민주주의의 급진화를 위한 공통 투쟁의 상징이 되는 구체적인 민주주의 요구 또는 리더에 의해 제공될 수 있다.

포퓰리즘 전략에서 리더의 역할은 언제나 비판의 주제였으며, 이것은 이 운동들이 종종 권위주의적이라는 이유로 비난받는 이유이다. 많은 사람들이 카리스마적 리더십을 매우 위험하게 생각하고 있으며, 분명 이것은 부정적 효과를 가질 수 있다. 그러나 저명한 리더가 없는 중요한 정치 운동의 사례를 찾기는 매우 어렵다는 사실과는 관계없이, 강력한 리더십을 권위주의와 동일시할 이유는 없다. 모든 것은 리더와 대중 사이에 설정된 관계 유형에 달려 있다. 우파 포퓰리즘의 경우, 바로 권위주의적 관계 속에서 실제 풀뿌리 참여 없이 모든 것이 하향식으로 정해진다.

그러나 리더는 **군계일학**primus inter pares처럼 여겨질 수 있고, 리더와 대중 사이 덜 수직적인 다른 관계 유형을 세우는 것이 확실히 가능하다. 또한 내가 곧 주장하겠지만, 집합 의지는 어떤 형태이든 공동의 정동common affects을 구체화하지 않고서는 구조화될 수 없으며, 카리스마적 리더와의 정동적 유대는 이 과정에서 중요한 역할을 할 수 있다.

좌파 포퓰리즘 전략에 자주 제기되는 또 다른 비판은 이 전략이 국민적 차원에 부여하는 역할에 대한 것이다. 이 비판은 유럽연합 회원국 자격과 같이 이 책의 범위 밖에 있는 일련의 질문들을 제기한다. 이 책의 범위는 구체적인 정책이 아니라, 오직 현 국면에서 헤게모니적 전환을 목표로 하는 집합 의지를 발생시키려는 전략에만 관련되어 있다. 이러한 전환이 발생해야, 민주주의의 급진화에 보다 적합한 정책에 대한 경합적 논쟁을 위한 조건은 존재하겠지만, 그 해답들이 미리 결정되어서는 안 된다.

내가 강조하려는 것은, 민주주의 회복을 위한 헤게모니 투쟁은 비록 그 수많은 특권을 잃는다 해도, 현 국면에서 여전히 민주주의와 대중주권의 실행을 위한 핵심적인 공간 중 하나인 국민 국가 수준에서 출발할 필요가 있다는 것이다. 바로 민주주의 급진화에 관한 질문이 먼저 제기되어야 할 지점은 국민적 수준인 것이다. 이 지점은 신자유주의 지구화가 가진 포스트 민주주의 영향을 막기 위한 집합 의지가 구성되어야 하는 장소이다. 이 집합 의지가 공고화되었을 때 다른 나라에서 일어나는 유사한 운동들과 협력하는 것이 생산적일 수 있다. 분명한 것은 신자유주의에 대한 투쟁은 국민적 차원만으로는 승리할 수 없으며, 유럽 수준에서의 동맹을 만들어야 한다. 그러나 좌파 포퓰리즘 전략은 국민적 형태의 동일화 과정에서 작동하는 강력한 리비도적 투여libidinal investment, 감정적 에너지 집중-옮긴이를 무시할 수 없으며, 우파 포퓰리즘에 이 지형을 내주게 되는 것은 매우 위험할 것이다. 이것은 국민주의nationalism의 폐쇄적이고 방어적 형식을 촉진하는 사례를 따르는 것이 아니라, 이러한 정동들을 위한 또 다른 배출구를 제공하는 대신 이 정동들을 국민적 전통이 가진 최상의, 보다 평등주의적인 측면들과의 애국적 동일화 과정으로 끌어 내는 것을 의미한다.

이제 우리는 '대중'의 구성을 예측하기 위해 중요한 질문을 고려해야 한다. 정치적 정체성들의 구성constitution에서 정동이 갖는 결정적 역할에 대한 것이다. 내가 보기에 여러 동일화 과정에서 정동적 차원에 대한 이해가 부족한 것은 합리주의적 구조에 갇혀 있는 좌파가 정치의 동학을 이해할 수 없는 주요 이유 중 하나다. 이 합리주의는 분명 수많은 좌파 이론가들이 정신분석학의 가르침을 고집스레 거부하는 기원에 놓여 있다.

이것은 심각한 결함이다. 왜냐하면, 주체의 통일된 특질 관념에 대한 프로이트S. Freud의 비판, 그리고 인간의 심성은 하나는 의식적이고 다른 하나는 의식적이지 않으면서, 의식적일 수 없는 두 시스템의 분화에 필연적으로 속해 있다는 그의 주장 모두 정치와 관련해 대단히 중요하기 때문이다. 프로이트는 인성personality이 자아ego의 투명성을 중심으로 조직되는 것과는 반대로, 행위자의 의식과 합리성 외부에 놓여 있는 수많은 수준들 위에 구조화되어 있다는 것을 보여 준다. 따라서 프로이트로 인해 우리는—주체 범주를 수행하는 모든 것의 총체성에 획일화된 의미를 부여할 수 있는 합리적이고 투명한 단일체로 주체 범주를 보는-합리주의 철학의 주요 교리 중 하나를 포기하고, 자리가 정해진 주체 위치들subject positions의 접합에 따라 '개인들'이란 단순한 지시적 정체성임을 받아들이게 된다. 본질적 정체성 essential identities이 아니라 오직 동일화identification 형식만 존재할 뿐이라는 정신분석학적 주장은 주체의 역사란 주체의 동일화 역사이며, 동일화를 벗어나서 해방되어야 하는 은폐된 정체성이란 없다는 반본질주의적 접근 방식의 중심에 있게 된다.

프로이트로부터 그 위치를 확인하는 가운데, 이 접근 방식은 정치의 중요한 차원이란 정치적 정체성의 구성이며, 이것은 언제나 정동적 차원을 수반한다는 것을 인정한다. 『집단 심리학과 자아 분석』*Group Psychology and the Analysis of the Ego*에서, 프로이트는 집단적 동일화 과정에서 정동의 리비도적 유대가 취하는 결정적 역할을 강조했다. '집단은 분명히 그 어떤 힘에 의해 결합해 있다는 것이다. 그런데 이러한 위업을 세상의 모든 것을 결합하는 에로스 이외에 어떤 힘의 탓으로 돌릴 수 있겠는가?'[35]

이 리비도적 에너지의 역할과 이 에너지가 여러 다른 정동들 생산하면서 다수의 방향으로 펼쳐져 나갈 수 있다는 사실을 인식하는 것은 헤게모니 작용을 이해하는 데 핵심이

---

35. Sigmund Freud, *Group Psychology and the Analysis of the Ego*, in The Standard Edition of the Complete Psychological Works of Sigmund Freud, vol. XVIII, (London: Vintage, 2001), p. 92.
지그문트 프로이트, 2013, 『집단 심리학과 자아 분석』 지도리, 43쪽

다. 민주주의의 급진화를 목표로 하는 집합 의지를 발전시키는 것은 민주적이고 평등주의적인 전망과 일치해 가는 담론적 실천 속에 새겨 넣는 방식으로 정동적 에너지를 끌어내는 과정을 요구한다. 나는 '담론적 실천'discursive practice이란 말하기나 쓰기에만 관련된 실천이 아니라, 의미 작용과 행위, 언어적이고 정동적인 요소들의 분리가 불가능한 의미화의 실천임을 언급한다는 것을 상기시키고자 한다. 사회적 행위자는 바로 말, 정동, 그리고 행위를 포함해서 담론적/정동적인 의미화 실천들에 자신들을 기입하는 방식으로 주체성의 형식을 습득하게 되는 것이다.

이러한 담론적/정동적 각인을 그려 보기 위해, 우리는 스피노자B. Spinoza에게서 중요한 통찰력을 발견할 수 있다. 스피노자의 '코나투스'conatus 관념은 프로이트의 '리비도'libido와 유사성을 가지고 있다. 프로이트처럼, 스피노자는 코나투스가 인간이 행동하도록 하는 욕망이라 믿으며, 인간이 다른 쪽이 아닌 어느 한 방향으로 행동하도록 만드는 것은 정동이라고 언급한다. 자신의 책 『윤리학』*Ethics*의 정동에 관한 성찰에서 스피노자는 변용affection(라틴어 affectio, 아펙티오)과 정동(라틴어 affectus, 아펙투스)을 구분한다. 36, 37 '변용'은 한 신체가 다른 신체의 행위에 종속되는 상태이다. 외적인 것에 의해 변용될 때, 코나투스는 뭔가를 욕망하고 그에 따라 행동하도록 하는 정동을 경험하게 된다.

나는 '변용'을 담론적인 것과 정동적인 것이 구체적인 동일화 형태를 만들어 가면서 접합되는 실천으로 이해하면서, 이 아펙티오/아펙투스 동학을 정치적 정체성의 형성 과정에 대해 검토하는 데 사용할 것을 제안한다. 정동의 구체화로 그려지는 이 동일화들은 정치에서 대단히 중요하다. 왜냐하면 이 동일화들은 정치적 행위의 원동력이 되기 때문이다.

헤게모니적 접근 방식은 '정동적 전회'affective turn에 대한 일부 이론가들에 의해 비판되어 왔다. 이들은 이 접근 방식

---

36. Benedictus de Spinoza, *Ethics*, trans. Edwin Curley, (New York: Penguin, 1994), part 3.
   베네딕트 스피노자, 2016, 『에티카/정치론』, 추영현 옮김, 3부.

37. 역주: 'Affect'에 대한 번역은 번역자에 따라 다르다. 1990년에 서광사에서 출판한 『에티카』를 번역한 경영계는 영어 affect가 지칭하는 라틴어 Affectus를 감정보다 큰 의미로서 '정서'로 번역한다. 이와 달리, 1994년 동서문화사가 펴낸 『에티카/정치론』을 번역한 추영현은 이를 다시 '감정'으로 번역한다. 들뢰즈G. Deleuze가 쓴 『스피노사의 철학』을 번역한 박기순은 들뢰즈가 라틴어 affectus를 불어로 affect ou sentiment로 표현한 것을 반영해서 추영현과 마찬가지로 '감정'으로 번역한다. 이와 달리 정신분석학적 맥락을 중요시 하는 번역서에서는 affect를 '정동情動'으로 번역한다. 공감적 상호 영향력이라는 측면에서 '감정'보다는 '정서'가 더 맥락적 이해를 가능하게 하는 단어이지만, 이 번역서에서는 정신분석학적, 문화적, 정체성적 맥락을 정치학적으로 차용하기 위해 '정동'으로 번역한다.

114

이 오직 담론적 차원만을 고려한다고 주장한다. 이 비판을 반박하기 위해, 야니스 스타브라카키스Yannis Stabrakakis는 '포스트 헤게모니' 접근 방식을 옹호하는 이들이 정동적인 것으로부터 담론적인 것을 분리시켜 자신들의 구성적 상호 영향력을 놓치고 있기 때문에 잘못되었음을 보여 주었다.[38] 반대로 헤게모니에 대한 담론 이론은 '정동의 질서에 속해 있는 무엇인가가 사회적인 것을 담론적으로 구성하는 데 주요한 역할을 하고 있다'고 주장하면서 그러한 상호 영향력을 인정한다.[39]

'정동적 전회'를 주창하는 몇몇 기획자들은 정동에 대한 자신들의 관점이 스피노자의 사상에 기초하는 것으로 나타나지만, 이와 같은 계보학은 의심할 만하다. 나는 프레데릭 로르동Frédéric Lordon의 해석이 훨씬 더 설득력 있다고 생각한다. 로르동은 스피노자 사상 속 정동의 역할에 대한 독해

38. Yannis Stavrakakis, 'Hegemony or Post-hegemony? Discourse, Representation and the Revenge(s) of the Real', in *Radical Democracy and Collective Movements Today: The Biopolitics of the Multitude Versus the Hegemony of the People*, ed. Alexandros Kioupkiolis and Giorgos Katsambekis, (New York: Ashgate, 2014).

39. Ernesto Laclau, 'Glimpsing the Future: A Reply', in *Laclau: A Critical Reader*, ed. Simon Critchley and Oliver Marchart, (New York: Routledge, 2004), p. 326.

를 통해 어떻게 해서 정치가 정동을 발휘할 힘을 가진 관념들idées affectantes의 생산을 다루는 **정동적 기술**ars affectandi인지를 보여 주고 있다.[40] 마르크스주의가 물적 결정material determinations, 그리고 물질과 관념 사이에 설정된 문제적 이율배반에 부여한 특권에 대해 의문을 제기하면서, 로드롱은 스프노자가 물적 결정뿐만 아니라, 관념으로부터 발생하는 '변용'affection 개념을 통해 우리가 어떻게 그 특권을 초월할 수 있게 되는지를 보여 준다. 관념과 정동이 교차할 때 바로 관념은 권력을 획득하게 되는 것이다.

담론적/정동적 실천을 상상해 볼 때, 우리는 또한 비트겐슈타인L. Wittgenstein에게서 영감을 얻을 수 있다. 그는 우리에게 사회적 행위자란 '언어 게임'language game에 들어가게 되면서 구체적 신념과 욕망을 형성하고 자신들의 주체성을 획득하게 된다고 가르쳤다. 그의 접근 방식에 따라 우리는 민주주의에 대한 충실함이 합리성에 기반을 둔 것이 아니라 삶의 구체적인 형태에 참여하는 것으로 상상해 볼 수 있다. 리차드 로티Richard Rorty가 자주 강조했듯이, 비트겐슈타인적 관점은 민주주의에 대한 충실함과 그 제도의 가치에 대

---

40. 원문에는 affectandi가 아니라 effectandi로 나와 있으나, Lordon의 불어판 원문을 비교해보면 effectandi는 affectandi의 오기임. (옮긴이 주)

한 신념이 민주주의에 대한 지적 토대의 제공에 달린 것이 아니라는 것을 우리가 깨닫도록 한다.

민주주의 가치에 대한 충실함은 동일화에 관한 질문이다. 이것은 합리적 논증을 통해서가 아니라, 바로 민주적 인격을 구성하는 언어 게임의 전체 조화를 통해 만들어진다. 분명 비트겐슈타인은 종교적 신념을 '준거 체계에 대한 열정적 헌신'으로 비교하면서 충실함의 여러 다른 양식들이 가진 정동적 차원을 인정한다.[41] 우리는 스피노자, 프로이트, 그리고 비트겐슈타인을 끌어들이면서, 담론적 실천으로 들어간다는 것은 스피노자의 관점에서 보면 욕망을 자극하는 정동을 초래하여 구체적인 행위로 이어지게 하는 변용을 제공하는 것이라 이해할 수 있다. 이러한 방식으로 정동과 욕망이 집합적 동일화 형태를 구성하는 데 중요한 역할을 한다는 사실을 알게 된다.

성공적인 좌파 포퓰리즘 전략 구상을 위해, 정치에서 정동이 가진 중요한 역할과 정동을 동원할 수 있는 방법을 인식하는 것은 대단히 중요하다. 이와 같은 전략은 '감정-열정

---

41. Ludwig Wittgenstein, *Culture and Value*, trans. Peter Winch, (Chicago: University of Chicago Press, 1984), p. 64.
   루드비히 비트겐슈타인, 2006, 『문화와 가치』, 이영철 옮김, 책세상, 138쪽.

이 이해understanding로 되어 가는 유기적 결속organic cohesion'을 요청하는 그람시의 선례를 따라야 한다. '상식'에서 파생된 관념들과 함께 작동하면서, 이 전략은 사람들이 자신들의 정동에 닿을 수 있는 방식으로 그들에게 말을 걸어야 한다. 이 전략은 전략이 호명하려는 자들의 가치 및 정체성과 잘 조화되어야 하며, 대중적 경험의 측면과 연결되어야 한다. 사람들이 일상의 삶에서 직면하는 문제들에 반향을 일으키기 위해, 이 전략은 비난을 토해 내기보다는 사람들에게 희망을 주는 미래에 대한 상을 제시하면서 그들이 존재하는 위치, 느끼는 방식에서부터 출발해야 한다.

좌파 포퓰리즘 전략은 보다 민주적인 질서를 지향하는 공통의 정서에 의해 지속되는 집합 의지를 구체화하려 한다. 이것은 새로운 동일화 형태를 초래하게 될 담론적/정동적 실천 속에 각인시키는 방식을 통한 욕망과 정동의 여러 다른 레짐 구축을 요구한다. 이 담론적/정동적 실천들은 다양한 특질을 가지고 있지만, 문화적이고 예술적인 분야들은 주체성의 다른 형태를 만드는 데 대단히 중요한 영역을 구성한다.

여기서 다시 그람시는 아주 중요한 지표가 된다. 왜냐하면, 그는 현실을 구체적으로 정의하는 '상식'의 구성과 확산

과정에서 문화 영역의 중요성을 보여 주었기 때문이다. '상식'을 담론적 접합 결과라고 파악하게 되면, 우리는 상식이 대항 헤게모니적 개입을 통해 전환될 가능한 방법을 이해하게 된다. 헤게모니 투쟁에서 예술과 문화적 실천의 중요성을 강조하면서, 나는 『경합적인 것』*Agonistics*에서 다음과 같이 주장했다. 예술적 실천들이 새로운 주체성을 구성하는 과정에서 중요한 역할을 할 수 있다면, 그것은 이 실천들이 감성적 반응을 유도하는 자원들을 이용하면서 사람들이 정동적 수준에 다다르도록 할 수 있기 때문이다.[42] 정말로 이것은 우리가 다른 방식으로 사물을 바라보고, 새로운 가능성을 인지할 수 있도록 하는 예술의 위대한 힘이 작동하는 영역이다.

이와 같은 이유로, 예술적이고 문화적인 실천들은 좌파 포퓰리즘 전략에서 중요한 역할을 하게 된다. 신자유주의 시스템은 그 자체의 헤게모니를 유지하기 위해 대중의 욕망을 지속적으로 동원하고 그들의 정체성을 만들어 가야 한다. 어느 다른 헤게모니를 세우려는 어떤 '대중'을 구성하기 위해서는, 신자유주의 헤게모니를 유지하는 공통의 정동을

---

42. Chantal Mouffe, *Agonistics: Thinking the World Politically,* (London and New York: Verso, 2013), chapter 5.

서서히 무너뜨리고 민주주의의 급진화를 위한 조건을 생성하는 다양한 담론적/정동적 실천들을 키워 나가야 한다. 좌파 포퓰리즘 전략이 공통의 정동을 조성하는 것의 중요성을 인정하는 것은 대단히 중요하다. 왜냐하면 스피노자가 간절히 강조하려 했던 것처럼, 정동은 오직 대항하는 정동에 의해 대체될 수 있기 때문이다. 이 대항하는 정동은 억압받는 정동보다 더 강력하다.

결론

나는 현재 서유럽의 국면을 관찰하면서 우리가 '포퓰리즘 계기'를 통과하며 살아가고 있다고 주장해 왔다. 이것은 지난 30년간 지속해 온 신자유주의 헤게모니가 초래한 포스트 민주주의 조건에 맞선 저항들의 표현이다. 이 헤게모니는 이제 위기에 들어섰고, 이것은 새로운 헤게모니를 건설하기 위한 기회를 만들어 내고 있다. 이 새로운 헤게모니 구성체는 이 저항들이 접합되는 방식과 신자유주의가 도전받게 되는 정치 유형에 따라 권위적일 수도 있고, 혹은 보다 민주적일 수도 있다.

모든 것은 전적으로 이 '포퓰리즘 계기'를 특징짓는 다양한 민주주의 요구들에 의미를 부여하는 담론적이고 정동적인 활동 목록에 달려 있다. 탈정치적 합의를 끝낼 대항 헤게모니적 실천을 실행할 수 있으려면 정치적 경계를 구성해야 한다. 좌파 포퓰리즘 전략에 따라 이 경계는 다양한 민주주의 요구들의 접합을 통해 '대중'이 구성되는 대결, 즉 '대중'이 '과두제'에 맞서도록 하는 '포퓰리즘' 방식으로 구성되어야 한다. 이 '대중'은 경험적 지시 대상이나 사회학적 범주로 이해되어서는 안 된다. 대중은 시민권에 대한 급진 민주주의적 구상과 공감되는 과정에서 하나로 묶여 나갈 수 있는 이질적인 요구들heterogeneous demands과 민주주의 기획의 실현을 구조적으로 방해하는 세력인 과두제에 대한 공통의 대항 사이에 만들어진 '등가 사슬'에서 비롯하는 담론적 구성물이다.

나는 좌파 포퓰리즘 전략의 목표가 '포퓰리즘 레짐'의 수립이 아니라, 자유민주주의의 틀 안에서 새로운 헤게모니 구성체를 수립하기 위해 정치적 공세를 시작하려는 집합적 주체의 구성이라는 사실을 강조해 왔다. 이 새로운 헤게모니 구성체는 민주주의의 회복과 심화 조건들을 만들어 내야 하지만, 이 과정은 다양한 국민적 맥락에 따른 상이한 형태들을 따르게 될 것이다.

내가 제안하고 있는 것은 정치적 경계의 구성에 관한 구체적 전략이지 완전히 갖춰진 정치 프로그램이 아니다. 좌파 포퓰리즘 전략을 채택하는 정당 또는 운동들은 다양한 궤도를 따라갈 수 있다. 이 궤도들 사이에는 여러 차이가 있으며, 이 궤도들이 좌파 포퓰리즘이라는 이름으로 일치해야 할 필요는 없다. 이 궤도들은 분석적 수준에서나 '좌파 포퓰리즘 방식'이라고 지칭될 수 있을 것이다.

이 좌파 포퓰리즘 전략이 정치를 지속적으로 자본/노동의 모순으로 환원시키면서 사회주의 혁명의 매개자인 노동계급이 존재론적 특권을 그 속성으로 가지고 있다고 보는 일부 좌파들에 의해 비난받게 되리라는 것은 예상 가능하다. 물론 이 좌파들은 좌파 포퓰리즘 전략을 '부르주아 이데올로기'에 대한 굴복으로 볼 것이다. 내가 반론을 제시해 온 정치에 대한 바로 그 구상으로부터 진행되어 온 이런 비판에 대해선 대답할 것이 없다.

하지만 고려할 만한 다른 반론들이 있다. 서유럽에서 '포퓰리즘'이란 용어가 전달하는 매우 부정적인 의미를 고려하면서, 어쩌면 다른 이름이라면 더 쉽게 받아들여질 수 있었을지도 모를 정치 유형을 수식하기 위해 이 용어를 사용하는 것이 적절한지에 대해 여러 사람이 의심해 왔다. 왜 그런 정치 유형을 포퓰리즘이라고 부를까? 그렇게 해서 얻는 게 무엇일까? 내가 말하고자 하는 것은 이 부정적 의미는 유럽이라는 맥락에 구체적이며, 내가 앞서 지적했듯이 이것은 신자유주의 지구화 외엔 아무런 대안이 없다는 탈정치적 상황을 현상 유지하려는 자들의 주장에 도전하는 모든 세력의 자격을 박탈하기 위한 시도에 대한 대응이다. 이와 같은 경멸적인 꼬리표 때문에, 저항하는 모든 운동은 민주주의에 대한 위험으로 보이게 된다. 그러나 다른 맥락에서 '포퓰리즘 운동'은 긍정적 방식으로 관찰되어 왔다. 예를 들어 1891년에 출범한 미국 인민당People's Party은 마이클 카진Michael Kazin이『포퓰리즘 신념』Populist Persuasion에서43 설명한 것처럼 민주주의를 강화하려는 진보적 정책들을 옹호했다. 미국 인민당의 역사는 길지 않았지만, 이 정당이 옹호했던 정책들은 자유주의자들에 의해 받아들여졌고, 뉴딜 정책the New Deal에 영향을 끼쳤다.

이후 미국에서 우파 포퓰리즘이라는 중요한 기류가 출현했음에도 불구하고, 포퓰리즘이라는 용어는 긍정적으로 사용될 수 있는 많은 여지를 남겨 놓고 있다. 오늘날 우리가 분명 좌파 포퓰리즘 전략이라 할 수 있는 버니 샌더스Bernie Sanders의 정치를 큰 공감을 갖고 볼 수 있는 것처럼 말이다.

일단 포퓰리즘이 민주주의를 강화할 수 있는 정치 전략

43. Michael Kazin, *The Populist Persuasion: An American History,* (New York: Basic Books, 1995)

을 제공할 수 있다면, 우리는 이 용어가 다시 긍정적인 방식으로 의미를 갖게 되면서 신자유주의 질서에 맞선 대항 헤게모니 정치를 뜻하게 되는 서유럽의 현 국면이 가진 중요성을 예측할 수 있게 된다. 포스트 민주주의 계기에서 민주주의의 회복과 급진화가 의제가 되는 순간, 데모스demos를 민주주의의 본질적 차원으로 강조하는 포퓰리즘은 이 국면에 충분히 적합한 정치 논리가 될 것이다. 포퓰리즘은 대중과 과두제 사이 정치적 경계 설정을 강조하는 정치 전략으로 이해될 때, 민주주의를 합의와 같은 것으로 취급하는 탈정치적 관점에 도전한다. 나아가, 집합 의지가 민주주의 요구들의 접합을 통해 구성되는 점을 참조하면서, 포퓰리즘은 집합적 정치 주체를 '계급'이라는 용어 속에서 배타적으로 상상하는 대신, 다양하고 이질적인 투쟁들을 고려해야 한다는 것을 인정한다.

포퓰리즘 전략이 가진 또 다른 중요한 측면은 이것이 정치적 동일화 속에서 정동적 차원의 역할, 그리고 일반적으로 전통적 좌파 정치가 가지지 않는 측면인 공통의 정동을 동원하는 것을 중요하게 인식하는 것이다. 새로운 헤게모니 구성체를 세우기 위한 투쟁에서 '포퓰리즘' 전략을 받아들여야만 하는 것은 바로 이런 이유들 때문이다.

그러나 왜 이것을 '좌파' 포퓰리즘이라 부를까? 분명 이것은 민주주의의 급진화를 목표로 하는 포퓰리즘 전략을 촉진하는 것에 동의하면서도 포퓰리즘에 '좌파'라는 자격을 주는 편의성에 문제를 제기하는 사람들이 제안하는 질문이다. 이들 중 일부는 오히려 '민주적' 포퓰리즘이라 부를 것을 제안하기도 하고, 또 다른 이들은 '진보적' 포퓰리즘 또는 '인간주의적' 포퓰리즘을 제안하기도 한다. '좌파' 포퓰리즘이라 부르는 것을 거부하는 데는 보통 두 가지 이유가 있다. 첫 번째 이유는—종종 '좌파'와 동일시되곤 하는—사회민주주의 정당들이 신자유주의로 전환되면서, 좌파라는 기표는 완전히 신뢰를 잃었고 모든 진보적 의미가 소실되었다는 것이다. 포퓰리즘 전략의 주창자들은 '진짜' 좌파를 대표한다고 주장하는 좌파들과는 똑같이 여겨지기를 원치 않기 때문에, '좌파'라는 꼬리표를 떼어 버리기를 원한다. 나는 이런 현재 '좌파'에 대한 두 의미들과 포퓰리즘 전략을 구분할 것을 강조하는 자들의 고민을 함께 나누면서도, 좌파 **포퓰리즘**이라 말함으로써 이것을 이 용어에 대한 통상적 이해와 충분히 구별할 수 있다고 본다.

이 용어를 포기하기 위해 제시된 또 다른 이유가 있다. 이 용어가 포퓰리즘 전략이 가진 횡단적 성격에 적합하지 않는다는 것이다. 이것이 주장하는 바는 일반적으로 '좌파'는 구체적인 사회경제적 부문들의 이해관계를 표현할 뿐, 집합의지를 포퓰리즘 전략에 따라 구성할 때 담아야 하는 요구들을 간과한다는 것이다. 나는 이것이 보다 더 본질적인 반대가 되어야 한다고 생각한다. 솔직히 좌파라는 관념은 확정된 사회집단들의 이해관계를 대표하는 것이라는 사회학적 관점에서 그려지게 되면, 이질적인 민주주의 요구들의 접합에 따른 '우리', '대중'을 인정하기에 적절치 않게 된다. 앞선 정치적 관계들political affiliations과는 무관한 다수 대중을 만들기 위해 경계를 넘나드는 방식으로 '대중'을 구성하는 것은 분명 포퓰리즘적인 정치적 경계를 좌우라는 전통적인 정치적 경계와 구분하는 것이다.

포데모스와 같은 운동들이 외치는 '좌파도 우파도 아니다'라는 주장은 이런 의미에서 이해되어야 한다. 이 운동들이 경계 없는 정치를 추구한다거나 '제3의 길'을 걷는 것이 아니라, 이전과 다른 방식으로 경계를 구성하고 있다는 의미에서 이 운동들을 이해해야 한다. 문제는 '대중'이 구성되는 당파적 방식을 솔직하게 드러내지 않으면, 이러한 입장은 정치적 방향을 분명치 않게 남겨 둔다는 것이다.

내가 '좌파'의 또 다른 의미와 관련해서, '좌파' 포퓰리즘이라고 말하는 것이 중요하다고 생각하는 것은 바로 이런 정치적 비결정성을 피하기 위해서다. 이러한 또 다른 좌파는 가치론적 차원에서 지키고자 하는 평등과 사회 정의라는 가치를 알리려 한다. 이것이 내가 민주주의의 급진화를 목표로 삼는 포퓰리즘 전략을 정식화하는 과정에서 지켜내야 한다고 보는 차원이다. '대중'이 여러 다른 방식으로 구성될 수 있고, 우파 포퓰리즘 정당들도 '대중'을 구성한다는 것이 인정될 때, 어떤 대중을 구성하려고 하는가를 나타내는 것은 대단히 정치적인 이유이기 때문에 매우 중요하다. 서유럽 사회에서 '좌'와 '우'라는 은유는 진부하다는 주장에도 불구하고, 여전히 정치 담론에 중요한 상징적 표식이며, 나는 이 표식을 버리는 것이 타당하다고 생각지 않는다. 필요한 것은 대결의 정치적 본질을 회복하고 좌파의 의미를 재구성하는 것이다.

좌/우 구분은 균열이자 경계로 보일 수 있다. 오늘날 탈정치 시대에 좌우의 차이는 일반적으로 균열—즉 적대에 의해 구조화된 것이 아니라, 단순한 입장 차이를 표시하는 분리 유형—이라는 용어를 통해 그려지게 된다. 이렇게 이해되면, 좌/우 구분은 민주주의의 급진화 기획에 적절치 않게 된다. 이 차이는 각각의 위치 사이에 적대가 존재하며, '중도적 입장'이란 불가능하다는 것을 드러내는 경계 차원에서 좌/우 구분이 그려질 때, 비로소 적절한 정치적 방식으로 정식화될 수 있다. 나는 이 '경계 효과'를 '진보적' 또는 '민주적' 포퓰리즘과 같은 관념과 함께 전달하는 것이 훨씬 어려우며, '좌파' 포퓰리즘이 대중과 과두제 사이에 존재하는 적대를 보다 분명히 표면화하고, 이 적대 없이는 헤게모니 전략이 정식화될 수 없다고 확신한다.

시급한 것은 포퓰리즘 계기를 민주주의에 대한 위협으로만 보는 것이 아니라, 이 계기가 또한 민주주의의 급진화를 위한 기회를 제공하기도 한다는 것을 인식하는 것이다. 이 기회를 잡기 위해 대단히 중요한 것은 정치란 본질적으로 당파적이고, '우리'와 '그들' 사이 경계 구성을 필요로 한다는 것을 인정하는 것이다. 오직 민주주의의 경합적 특질을 회복할 때만이 정동을 동원해서, 민주주의 이상의 심화를 위한 집합 의지를 만드는 것이 가능해진다. 이 기획은 성공하게 될까? 물론 아무런 보장도 없지만, 현재 국면이 제공하는 기회를 놓친다면 아주 심각한 실수가 될 것이다.

이론적 부록

반본질주의 접근 방식

정치적인 것의 영역을 상상하는 데는 두 가지 방식이 있다. 연합적 관점은 이 영역을 자유, 그리고 조화로운 행동의 영역으로 바라본다. 이와 달리 분리적 관점은 이 영역을 갈등과 적대의 영역으로 파악한다.[44] 나는 분리적 관점에 속한다고 생각하며, 이러한 생각은 헤게모니와 사회주의 전략에서 '적대'와 '헤게모니'라는 두 개의 주요 개념이 정치적인 것에 대해 질문을 할 때 꼭 필요하다는 이론적 접근 방식을 통해 소개되었다.[45] 이 두 개념은 적대의 상존 가능성ever-present

---

44. 연합적 관점과 분리접 관점이라는 이러한 구분은 올리버 마차트Oliver Marchert가 자신의 저서 *Post-Foundational Political Thought: Political Difference in Nancy*, Lefort, Badiou and Laclau, (Edinburgh: Edinburgh University Press, 2007), pp. 38~44에서 제시했다.

possibility을 드러내는 급진적 부정성의 차원이 존재한다는 것을 의미한다. 이것은 사회가 완전히 총체화되지 못하도록 하며, 분화와 권력을 넘어선 사회의 가능성을 배제한다.

사회는 우연성의 맥락에서 질서를 세우려는 일련의 헤게모니 실천들의 생산물로 이해된다. 사회는 '침전된' 실천의 영역이다. 침전된 실천이란 이 실천이 갖는 우연적인 정치 제도의 기원적 행위를 감추면서 마치 이 실천들이 스스로를 근거로 두고 있다고 당연히 생각되도록 하는 실천이라는 것이다. 모든 사회 질서는 우연성의 맥락에서 질서를 세우려는 헤게모니 실천들이 일시적이고 불안정하게 접합된 것이다. 헤게모니 실천이란 기성 질서가 만들어지고 사회 제도의 의미가 고정되도록 하는 접합 실천이다.

사물들은 언제나 다른 식으로도 존재 가능하며, 모든 질서는 다른 가능성들을 배제하는 가운데 예측된다. 이 질서는 언제나 특수하게 배열된 권력 관계에 대한 표현이며, 궁극적인 합리적 토대가 없다. 자연적인 질서로 나타나 보이

45. Ernesto Laclau and Chantal Mouffe, *Hegemony and Socialist Strategy: Towards a Radical Democratic Politics*, paperback edition, (New York and London: Verso, 2014).
에르네스토 라클라우 & 샹탈 무페, 2012, 『헤게모니와 사회주의 전략: 급진 민주주의 정치를 향하여』, 이승원 옮김, 후마니타스.

는 것은 그것을 만들어 낸 실천들의 외부에 존재할지도 모르는 더 깊은 객관성의 표시가 아니다. 그러므로 기존의 모든 질서는 대항 헤게모니 실천에 쉽게 도전받게 된다. 이 실천은 새로운 헤게모니를 세우기 위해 기존 질서를 탈구시키려고 한다.

반본질주의 접근 방식의 두 번째 중요한 원칙은 사회적 행위자란 차이의 폐쇄된 체계에 완전히 고정될 수 없는 '담론적 위치들'의 조화를 통해서 구성된다는 것이다. 사회적 행위자는 다양한 담론들에 의해 구성되며, 이 담론들 사이에는 필연 관계가 아니라, 과잉결정overdetermination과 전치 displacement의 끊임없는 운동이 존재한다. 따라서 이렇게 다양하고 모순적인 주체의 '정체성'은 우연적이고, 불안정하며, 이러한 담론들이 교차된 지점intersection에 일시적으로 고정되어 있으며, 동일화 과정의 구체적인 형태에 의존하게 된다.

그러므로 우리가 마치 통일되고 동질적인 단일체를 다루는 것처럼 사회적 행위자에 대해 말하는 것은 불가능하다. 오히려 우리는 여러 담론 구성체 안에서 다양한 주체 위치들에 따라 사회적 행위자 또한 다양하게 구성된다는 다원성 차원에서 사회적 행위자를 이해해야 한다. 또한 우리는 사회적 행위자의 여러 다른 주체 위치들을 구성하는 담론들 사이에는 필연적 관계가 **선험적으로** 존재하지 않는다는 것을 인정해야 한다. 그러나 이 다원성에는 다원적인 주체 위치들이 공존하지 않고, 서로가 서로를 끊임없이 전복시키고 과잉 결정을 하고 있다. 이 전복과 과잉 결정을 통해, 개방되고 확정된 경계들이 특징짓는 장 안에서는 전체화 효과가 발생할 수 있다.

따라서 이중 운동이 존재한다. 한편으로, 일련의 위치들이 미리 구성된 지점을 중심으로 고정되지 못하도록 하는 탈중심화 운동이 존재한다. 다른 한편으로, 이 본질적인 비고정성의 결과로서 정반대의 운동이 존재한다. 이 정반대의 운동은 결절점nodal point의 도입, 기표signifier 아래에서 기의signified의 흐름을 제한하는 부분적 고정화를 말한다. 그러나 이 비고정성/고정성의 변증법은 오직 고정성이 미리 주어지지 않을 때만 가능하다. 왜냐하면, 주체성의 어떤 중심도 주체의 동일화를 앞서지 않기 때문이다. 이러한 이유로 우리는 주체의 역사를 주체의 동일화 과정의 역사로서 인식해야 하며, 이 동일화의 역사로부터 탈출하게 되는 감춰진 정체성은 존재하지 않는다.

주체 위치들이 선험적이고 필연적으로 연결되어 있다는

것을 부정하는 것이 주체 위치들을 역사적이고, 우연적이며 가변적으로 연결하기 위한 끊임없는 노력이 없다는 것을 의미하지는 않는다. 다양한 주체 위치들 사이에 우연적이고 미리 결정되어 있지 않은 관계를 세우는 이런 유형의 연결이 '접합'이라 불리는 것이다. 비록 여러 다른 주체 위치들 사이에 아무런 필연적 연결도 없지만, 정치의 영역에서는 다양한 관점들로부터 접합을 제공하려는 담론들이 존재한다.

그러므로, 모든 주체 위치는 불안정한 담론적 구조 안에서 구성된다. 왜냐하면, 주체 위치는 자신을 끊임없이 전복시키고 전환하는 여러 접합적 실천46들에 따르기 때문이다. 이것이 타자와의 연결이 확실하게 보증되는 주체 위치란 존재하지 않고, 따라서 완전하고 영원히 획득되는 사회적 정체성이 존재하지 않는 이유이다.

---

46. 나는 다음과 같은 책의 집필을 통해서 이 경합적 구상을 발전시켜왔다. *On the Political, Abingdon*, (UK: Routledge, 2005).
『정치적인 것의 귀환』(후마니타스, 2007), 『민주주의의 역설』(인간사랑, 2006) 그리고 *Agonistics: Thinking the World Politically*, (New York and London: Verso, 2013).

민주주의의 경합적 구상

『헤게모니와 사회주의 전략』이후, 나는 적대의 제거 불가능성과 정치의 헤게모니적 본질을 설명할 수 있는 민주주의 정치의 대안적 모델을 정교히 다듬는 데 전념해 왔다. 내가 주장해 온 질문들은 다음과 같다. 헤게모니적 접근 방식의 틀 안에서 어떻게 민주주의를 상상해 볼 수 있을까? 합리적 해법이 없는 갈등들이 존재한다는 것을 민주주의 질서는 어떻게 인정하고 이 갈등들을 유지해 나갈 수 있는가? 그 한복판에서 갈등하는 헤게모니 기획들의 대결을 허용하는 방식으로 민주주의를 어떻게 구상할 수 있을까?

이 질문에 대한 내 대답은 민주주의의 경합적 모델이며, 나는 이 모델이 헤게모니 기획들 사이에서 민주적 대결의 가능성을 드러나게 하는데 필요한 분석틀을 제공한다고 보고 있다. 내 논증은 간단하게 다음과 같다.

일단 '정치적인 것'의 차원을 인정하게 되면, 우리는 다원적 자유민주주의적 정치를 위한 주요 도전 중 하나가 인간 관계에서 존재하는 잠재적 적대를 완화시키는 과정에 존재한다는 것을 인식하기 시작한다. 사실 근본적 질문은 배제 없이 합의에 어떻게 다다를 수 있는가가 아니다. 왜냐하면,

이것은 '우리'와 상응하는 '그들'이 없이 '우리'를 구성하는 것이기 때문이다. 이것은 불가능하다. 왜냐하면 '우리'의 구성을 위한 조건은 바로 '우리'와 '그들' 사이 경계를 확정하는 것이기 때문이다.

따라서 자유민주주의 레짐에서 중요한 의제는 다양성을 인정하는 방식으로 우리/그들이라는 이 구분을 어떻게 세우는가이고, 이 구분은 정치를 구성한다. 중요한 것은 갈등이 발생할 때 이 갈등은 '적대'antagonism(적들의 투쟁)의 형태가 아니라, '경합'agonism(대적들의 투쟁)의 형태를 취한다는 것이다. 경합적 대결은 적대적인 것과 다르다. 왜냐하면 이것이 어떤 가능한 합의를 고려하기 때문이 아니라, 상대가 파괴되어야만 하는 적이 아닌 그 존재는 타당한 것으로 인식되는 대적자로 여겨지기 때문이다. 어떤 이의 사상은 힘차게 맞서 싸우게 되지만, 그 사상을 옹호하는 그 사람의 권리는 절대 문제시되지 말아야 한다. 그러나 적enemy이라는 범주는 사라지지 않는다. 왜냐하면, 다원 민주주의의 기반을 구성하는 갈등적 합의를 거부해서 경합적 투쟁의 한 부분을 형성할 수 없는 자들에 관해서는 적이라는 범주가 적절하기 때문이다.

그러므로 다원주의의 한계에 대한 질문은 민주주의와 관

련해서 다뤄야 할 중요한 질문이며, 이 질문에는 반드시 답을 해야 한다. 경합적 관점은 사회적 분화라는 구성적 특징, 그리고 최종적 화해 불가능성을 주장하면서, 민주주의 정치의 필수 특징인 당파성을 인정한다. 이 대결을 내전으로 번질 수도 있을 친구/적 방식에서가 아니라, 대적자라는 측면에서 상상해 냄으로써, 경합적 관점은 이와 같은 대결이 민주주의 제도 내에서 발생하도록 한다.

이 필연적 대결은 대부분의 자유-민주주의 이론가들이 피해야 하는 것이다. 왜냐하면 이들은 다원주의를 적절치 않은 방식으로 그리기 때문이다. 자유주의 이론가들은 다양한 관점과 가치들이 동시에 존재하는 세상에 우리가 살고 있고, 경험적으로만 봐도 각각의 개인이 이 모든 관점과 가치를 취한다는 것은 불가능하다는 것을 인정하는 반면, 이 관점과 가치들이 함께 모여 조화롭고 갈등 없는 합주를 만들어 낸다고 상상한다. 따라서 이와 같은 사고 유형은 모든 관점들의 조화 불가능성에서 유래하는 다원주의의 필연적 본질인 갈등을 설명할 수 없으며, 이것은 자유주의 이론가들의 사고가 적대적 차원에서 정치적인 것을 부정하게 되는 이유이다.

경합적 투쟁에서 중요한 것은 사회 질서를 구조화는 권력 관계와 이 권력 관계가 구성하는 헤게모니 유형의 배열이다. 갈등하는 헤게모니 기획들의 대결은 합리적으로는 결코 조정될 수 없다. 따라서 적대적 차원은 언제나 존재하지만, 이 차원은 대결을 통해 전개되며, 이 대결의 절차는 대적자들에 의해 받아들여진다. 자유주의 모델과 달리, 이와 같은 경합적 관점은 모든 사회 질서란 정치적으로 시행되며, 헤게모니적 개입이 발생하는 기반은 결코 중립적이지 않다는 사실을 고려한다. 왜냐하면, 이 관점은 그 전에 발생한 헤게모니 실천의 생산물이기 때문이다. 이 관점은 최종적인 화해가 불가능한 상태에서 헤게모니 기획들이 서로 대결하는 전쟁터로 공공 영역을 이해한다.

적대antagonism(친구/적 관계)와 **경합**agonism(대적자 관계)을 구분하게 되면, 민주주의 질서의 수립을 상상하기 위해서, 여러 민주주의 이론가들이 믿고 있는 것과는 반대로, 적대란 제거될 수 없음을 인정하는 이유를 이해하게 된다.

경합적 대결이란 민주주의에 대한 위험을 나타내는 것이 아니라 사실은 민주주의의 존재 조건이다. 물론 민주주의는 타당성의 원리들을 구성하는 윤리-정치적 가치에 대한 헌신, 그리고 이 가치들이 담긴 제도들과 관련된 합의의 형태가 아니고서는 지속할 수 없다. 그러나 민주주의는 또한 갈등이 경합적으로 표현될 수 있도록 해야 하며, 이를 위해서는, 진정으로 시민들이 실제 대안들 사이에서 선택할 가능성을 가져야 한다. 잘 작동되는 민주주의는 민주주의 정치 위치들 사이 대결을 요청한다. 이 부분이 사라진다면, 이 민주적 대결이 협상 불가능한 도덕적 가치들 또는 본질주의적인 동일화 형태들 사이 대결로 대체되어 버리는 위험이 항상 존재하게 될 것이다.

감사의 말

좌파 포퓰리즘에 대한 구상을 정교히 다듬어 가는 과정에서, 나는 대중 토론과 함께 여러 방식으로 내 주장을 발전시킬 수 있게 해준 이니고 에레혼Íñigo Errejón, 장 뤽 멜랑숑 Jean-Luc Mélenchon, 프랑수아 뤼팽François Ruffin 그리고 야니스 스타브라카키스Yanis Stavrakakis와의 대담에서 큰 도움을 얻었습니다.

이 책의 여러 부분에서 큰 도움이 되는 제안과 논평을 해준 폴린 콜로나Pauline Colonna D''istria, 레티시아 세브세이 Leticia Sabsay, 제임스 슈나이더James Schneider, 그리고 크리스토프 방튀라Christophe Ventura에게도 고마움을 표합니다.

마지막으로 나는 원고의 중요한 부분을 집필하던 2017년 봄에 활기차면서도 기분 좋은 집필 환경을 제공해준 비엔나 인문학 연구소Institute for Human Sciences in Vienna, IWM에게도 감사드립니다.

민주주의와 포퓰리즘

포퓰리즘만큼 상처가 많은 용어도 드물 것이다. 이백 년 전 민주주의가 그랬을 것이고, 백 년 전 마르크스주의가 그랬을지 모른다. 샹탈 무페의 책『좌파 포퓰리즘을 위하여』를 번역하는 동안, 역동하는 세상을 다시 한 번 주목하게 되었다. 그 역동성의 특징은 무엇보다 '전복'subversion이었다. 포퓰리즘이라는 현상이 아무리 열광적이더라도 시일이 지나면 다시 원상 복귀되는 축제와 같다면, '전복'도 '상처'도 불필요한 표현일 것이다. 하지만 포퓰리즘은 언제나 '전복'이라는 유령과 같이 출현한다. 이 유령 때문에 적지 않은 사람들은 포퓰리즘을 논리적이기보다는 두렵거나, 혼란스런 감성으로 판단하게 된다.

'포퓰리즘 현상'이 중요한 이유는 이 현상이 사실은 대중이 새롭게 정치적으로 구성되는 과정이기 때문이다. 대중이 정치적으로 새롭게 태어나서, 늘 주어진 답안 중 선택하는

것이 아니라 스스로 답을 찾아 써 내려가는 계기라고도 할
수 있다. 그렇기 때문에 포퓰리즘은 늘 똑같은 답안만 제시
하던 기성 정치 세력들에게는 가장 위협적인 현상일 수 밖
에 없다. 반대로 이런 틀에 박힌 답안지와 기성 정치 세력에
실망한 사람들에게는 어쩌면 가장 열정적인 정치 참여의 계
기를 제공하게 될 것이다.

  무페는 2008년 금융 위기가 유럽의 지각을 흔들어 버린
이후 그 균열의 틈에서 출현한 여러 포퓰리즘에 주목한다.
스페인의 포데모스, 그리스의 시리자, 그리고 프랑스·이탈
리아·오스트리아에서의 포퓰리즘 정치들이 대표적인 사례
이다. 지정학적 특수성 때문에 쉽게 묶일 수 없지만, 같은 시
기 튀니지의 재스민 혁명을 시작으로 이집트·리비아·예멘
·시리아·이라크 등으로 확산되었던 아랍의 봄도 그렇다.
권력의 사유화와 부패에 맞서 폭발한 2016년 한국의 촛불
혁명과 그 이후 지속되는 대중의 새로운 정치 참여 현상도
이와 다르지 않다. 분명 좌파이든 우파이든 이 모든 사례들
이 가진 공통점은 기성 체제와 엘리트 과두제를 부정한다는
것이다. 절대군주제의 경계를 넘어야 했던 민주주의와 사유
재산권의 독점적 지위를 부정했던 마르크스주의가 그러했
듯이, 신자유주의 지구화, 초국적 금융 질서, 엘리트가 독점

하는 관료제와 과두제에 맞서 불평등과 차별을 넘어서려는 포퓰리즘도 '불안', '무지', '이기주의'와 같은 낙인으로 상처가 많을 수밖에 없다. 경계를 넘는다는 것은 어쩌면 철조망에 찢기는 상처를 각오하는 것이다.

'포퓰리즘' 용어는 1890년대 미국 남서부 농촌 지역 소작인과 자작농 사이에서 확산된 사회경제적 불만족을 등에 지고 출현한 '인민당'People's Party의 활동을 계기로 일반적으로 사용되었다고 한다. 비슷한 시기 러시아 농촌 지역을 중심으로 활동한 나로드니키Narodniki 세력의 농촌 개혁 운동나로드니체스트보, Narodnichestvo 또한 포퓰리즘 현상의 기원으로 받아들여지고 있다. 이런 경우 대부분 '농촌'이라는 지역적 특성을 강조하는 경향을 보이기도 한다. 아르헨티나의 페론주의나 한국 현대사에서의 '박정희 신화' 또한 유사한 경향을 보인다.

무페의 영원한 동반자이자, 그녀와 함께 포스트 마르크스주의 차원에서 포퓰리즘을 연구해 온 에르네스토 라클라우는 포퓰리즘이란 '권력자들'에 맞선 '패배자들'을 동원하여 사회를 두 진영으로 분리하는 정치적 경계 구축의 전략으로 정의한다. 이런 의미에서 포퓰리즘은 특정한 이데올로기나 정치 프로그램으로 제한되지 않고, '복지국가'나 '신자유주의 국가'와 같은 특정한 정치 레짐으로 규정되지도 않는다. 즉 포퓰리즘은 무능력하고 실망스런 기성 권력에 맞서려는 대중이 모이는 데 필요한 이데올로기를 생산하기도 하고, 여러 제도들과 결합하기도 한다. 따라서 포퓰리즘은 전통적인 의미에서 좌파나 우파 어느 한 측면의 정치적 현상이 아니라, 좌·우·중도 등 어느 측면에서도 가능하다. 혹은 포퓰리즘 지지자들끼리는 진보적인 정책과 태도를 취하면서도, 지지자 외부에는 배타적이고 공격적인 태도를 취하는 양가성이 동시에 나타나기도 한다.

따라서 포퓰리즘을 하나의 합의된 의미로 정의하기는 어렵다. 오히려 도전받는 세력의 입장, 도전하는 세력의 입장 혹은 소위 좌나 우의 입장에 따라 그 정의는 달라질 수 있다. 그리고 실제 정치 현장에서는 '포퓰리즘'이라는 단어가 굳이 사용될 필요가 없을 수도 있다. 도전받는 세력의 입장에서 이 용어는 '복지 포퓰리즘', '경제 포퓰리즘', '교육 포퓰리즘' 등 보수 세력의 권력 비판 논리로 많이 사용됐다. '포퓰리즘'이 부정적 의미를 품고서 상대를 비난할 때 사용하는 용어가 될 수 있었던 역사적 맥락은 아마도 냉전이 심화된 1950년대 미국의 매카시즘McCarthysm, 그리고 소련 사회주의 연방의 붕괴, 동구 사회주의 국가의 자본주의 시장으로의 편입, 동서독 통일이라는 격변기를 통과한 1990년대 유럽 극우 보수 세력의 정치적 급부상에서 찾을 수 있다. 포퓰리즘은 이후 주로 반민주적이고 반인권적인 대중 선동으로 기존 자유민주주의 체제를 위협하는 병리적 현상으로 지칭하는 용어로 사용됐다고 볼 수 있다.

그러나 '복지 포퓰리즘', '교육 포퓰리즘', '태극기 부대', '촛불 시민' 등 우리 사회의 다양한 포퓰리즘 현상들은 어떤 '무지'나 '이기심'에 따른 행동이 아니다. 이 현상들은 참여하는 대중들이 기존 대의제나 과두제 질서에 걸었던 최초 기대감이 불안으로 바뀌면서 나타난 '무너진 질서'에 대한 아래로부터의 원초적 대응 방식으로 이해되어야 한다. 따라서 포퓰리즘에 대해 말하고자 할 때는 대중들이 '공동의 적'을 향해 어떤 태도를 취하는가라는 표면 현상에 집중하기 보다, 그들의 기대감이 불안으로, 그리고 그 불안이 새로운 집단행동 바뀌게 된 정치사회적 동학을 깊게 살펴봐야 한다. 이것이 무페가 이 책의 4장에서 '정동'의 중요성을 강조하는 이유이기도 할 것이다.

특히 냉전이 종식된 1990년대 초반 이후 포퓰리즘은 신자유주의 지구화와 밀접한 연관이 있다. 신자유주의 지구화 구호와 함께 모라토리움, 구조 조정, 민영화, 탈규제, 초국적 기업, 신용 평가, 노동 시장 유연화, 긴축 재정 등 낯선 경제용어와 국제 관계 언어들이 전 세계를 지배해 왔다. 1990년대 말 우리가 겪은 IMF 금융 위기 또한 이러한 흐름 속에서 이해될 수 있다. 문제는 이 흐름이 국가 간은 물론 사회내 사회경제적 양극화, 불평등, 차별을 빠르게 심화시켰다는 것이다. 우리 사회 또한 지난 20여 년 동안 사회경제적양극화와 불평등은 계속해서 심화되었으며, 이에 대한 대의제 정치 영역에서 제시하는 해법들은 이 심화 속도와 방향을 역전시키지 못했다. 오히려 대의제 정치는 해법의 주체가 아니라, 악화의 원인 제공자와 같은 모습을 보여 주었던것이 사실이다.

마찬가지로 이 책에서 무페는 신자유주의의 가장 강력한 지도자였던 영국의 마가렛 대처가 외친 'TINA'There is no alternative: 더 이상 다른 대안은 없다와 함께 헤게모니화된 유럽의 기성 체제와 정치 질서가 2008년 미국발 전 세계 금융 위기 이후 파열되면서 그 틈새에서 출현한 '포퓰리즘 계기'를 주목한다. 그렇다면 이 계기는 무엇이고 어떻게 우리 앞에출현하는가? 이 책에 따르면 포퓰리즘 계기는 1970년대 이래로 자유민주주의를 지배해 온 모든 정치적 규칙과 대표성, 그리고 사회적 기대감이 무너지면서, 기존 정치 질서와 지배 헤게모니가 이에 대한 불만족의 폭발과 함께 불안정하게 되는 상태이다. 안토니오 그람시가 헤게모니 기획을 중심으로 설정된 사회적 합의와 신조들이 본질적으로 도전받는 시기를 일컫는 '인터레그넘'interregnum과도 같다고 볼 수 있다.

이것이 문제가 되는 가장 큰 이유는 포퓰리즘 계기가 초국적 기업의 권한이 강력해지는 반면, 의회의 역할이 축소되고 국민 주권이 약해지는 상황으로 이어지는 포스트 민주주의 현상으로 이어졌기 때문이다. 그러나 포퓰리즘 계기가 단순히 정치적 허무주의로 귀결되지 않는 이유는 이 계기가 오히려 포스트 민주주의 현상에 맞선 저항의 출현 조건이기도 하기 때문이다. 따라서 포퓰리즘 계기는 혼란, 불안, 절망의 계기일 수 있지만, 다른 한편으론 희망과 가능성의 계기이기도 하다.

포퓰리즘이 불안을 동반하는 이유는 분명하다. 그 현상이 카리스마적 지도자들에게 열광하고, 언론에 대한 무조건 신뢰를 거부하고, 제도적 기대감보다 거리에서 직접 행동하고, 불공정과 부정의에 대한 적대감을 거침없이 드러내기 때문이다. 그러나 무페가 강조하듯이 포퓰리즘은 그 목표가 '포퓰리즘 레짐'을 수립하는 것이 아니다. 오히려 포퓰리즘은 특정한 가치를 실현할 수 있는 새로운 제도화를 추진한다. 여기서 포퓰리즘이 우파와 좌파로 나눠질 수 있다. 우파 포퓰리즘은 자유민주주의 제도가 포용할 수 있는 가치와 주체를 최소화하기 위해 '배제의 논리'를 강조하고, 이를 위한 제도를 강요한다. 이민자, 난민, 성 소수자 등을 대하는 우파 포퓰리즘의 태도는 이를 분명히 한다. 하지만, 좌파 포퓰리즘은 자유민주주의 제도의 원래의 가치였던 '모든 이들의 자유와 평등'을 급진적으로 확장하려 한다. 즉 포퓰리즘은 기성 제도를 부정하지만, 제도 자체를 부정하지 않는다. 즉 좌파 포퓰리즘도 우파 포퓰리즘과 마찬가지로 불안에서 시작하지만, 불안 그 자체가 아니라 새로운 안정화를 위한 기존 자유민주주의 제도의 급진적 확장을 추구하고, 이 과정에서 새로운 '대중', 새로운 '민주 시민'을 구성하는 정치 전략이라 할 수 있다. 즉 포퓰리즘은 불안의 정치가 아니라, 오히려 현재의 불안(예를 들어, 사회경제적 양극화와 불평등 확산, 권력의 부패와 공정성 추락에 따른 미래에 대한 불안)을 현 제도가 해결하지 못할 것이라는 이중의 불안이 속히 해결되어 사회가 안정되기를 바라는 대중의 원초적 정치라 할 수 있다. 그래서 대부분 포퓰리즘은 기성 제도와 관습을 흔들 수 있어 보이는 카리스마적 리더십을 갈망하는 특징을 보이기도 한다. 이 리더십과 새로운 정치적 실천에 따라 포퓰리즘은 우파가 될 수도 좌파가 될 수도 있다.

  포퓰리즘의 또 다른 특징은 '대중'을 해치는 '대적자'adversary에 맞서 이들을 하나의 정체성으로 통일시키는 identification 과정을 나타낸다. 2000년대 이후, '촛불', '태극기', '노란 리본', '을乙', '미투me too'는 대중을 특정한 포퓰리즘의 이름으로 묶는 상징 또는 주인 기표master signifier라고 볼 수 있다. 최근 뜨거운 감자가 되고 있는 '이민자'immigrant 기표는 서구 사회를 좌우로 나누는 상징이 되고 있다. 외국인 혐오는 오스트리아, 이탈리아 등 여러 유럽에서 나타나는 우파 포퓰리즘의 핵심이다. 반면 좌파 포퓰리즘은 민족이나 인종을 앞세운 외국인 혐오에 강력히 저항한다. 무페는 좌파 포퓰리즘은 '대중'이 인종이나 민족과 같은 배타적 정체성이 아니라, 다양한 민주주의 요구들이 서로의 차이를 인정함과 동시에 등가적 관계를 형성하면서 그 관계를 통해 민주적으로 구성된다고 말한다. 진보적인 좌파 지도력은 포퓰리즘 계기에서 대중들을 민주적이고 평등주의적 운동에 동참하게 한다. 즉 좌파 포퓰리즘은 이민자나 난민을 배제하는 것이 아니라, 이들을 포함해서 새롭게 출현하는 소수자들과 함께 민주적 공생을 추구하는 새로운 포용적 시민을 탄생시키려 한다. 그리고 좌파 포퓰리즘은 새로운 시민들이 보다 확장되고 심화된 자유민주주의가 다시 후퇴하지 않을 제도적 장치들을 마련해 나간다. 이것이 때로는 디지털 기반 직접 민주주의 실험일 수 있고, 지역 공동체 중심의 사회적 경제 기반을 만들어 갈 수 있는 제도적 분권화의 추진이기도 하다.

무페는 칼 슈미트(비록 나치 법률가이긴 했지만)의 사상을 빌려 '대중'과 '대적자'의 경계를 설정하는 것을 모든 정치의 근본적인 출발점이라 보고 있다. 포퓰리즘이 정치의 원초적 형태라는 것이다. 포퓰리즘 계기에 어떤 정치가 어떻게 결합하는가에 따라 포퓰리즘은 좌파나 우파의 방향을 취하게 되고, 때로는 좌우 포퓰리즘이 거대한 대립과 충돌을 벌이기도 한다. 이것이 무페가 대처리즘으로부터 얻은 '교훈'을 이 책에서 고백하는 이유이기도 하고, '대중'을 구성하는 핵심이기도 하다. 따라서 포퓰리즘은 어느 현상이 아니라, 보수 세력과 전통적 사회민주주의 세력들 사이에서 만들어 낸 '중도적 합의' 결과로 공학과 관리 수준으로 전락한 정치를 다시 복원하여 민주주의를 급진적으로 확장하기 위한 중요한 정치 전략으로 이해되어야 한다. 물론 이것은 민주주의를 후퇴시키는 신자유주의 체제와 우파 포퓰리즘에 대항하는 '좌파 포퓰리즘'의 목표인 것이다.

포데모스, 시리자, 그리고 제레미 코빈이 이끄는 영국 노동당과 미국에서 불었던 버니 샌더스 열풍 등을 목격하면서, 무페는 21세기에 출현한 이러한 새로운 정치 실험들이 스스로를 전통적인 좌파에 속해 있다고 생각하는 사람들만으로는 어렵다고 진단한다. 무페에게 이러한 분석은 새로운 것이 아니다. 라클라우와 함께 1985년에 쓴 논쟁적 글인『헤게모니와 사회주의 전략』에서 무페는 이미 계급을 넘어선 헤게모니 정치와 급진 민주주의의 확장을 주창했다. 하지만 그때와 지금이 다른 점은 당시 라클라우와 함께 무페는 계급 담론으로 사고할 수 없었던 민주주의 요구들을 헤게모니적으로 연결해 나가면 사회민주주의 세력들이 다시 급진적으로 복원되고, 해방적 과제들을 달성해 나갈 수 있을 것이라는 믿음을 가지고 있었지만, 지금을 이 믿음을 크게 가지고 있지 않다는 점이다.

오히려 무페는 사회민주주의 세력들은 중도우파와의 타협/합의를 통해서 사회적 갈등을 공학적으로 관리하는 전문가 영역 혹은 거버넌스 차원으로 정치를 축소하면서, 탈정치의 원인 제공자 역할을 한다는 비판을 멈추지 않는다. 탈정치는 민주주의 쇠퇴로 이어지고, 이것은 공포와 배제의 확산을 본질로 하는 우파 포퓰리즘 출현의 조건이 된다. 따라서 무페는 신자유주의는 물론 기존 사회민주주의와 전통적 좌파 세력을 넘어서는 좌파 포퓰리즘의 필요성을 강조하게 된다. 포퓰리즘 계기 혹은 인터레그넘의 시대에 요구되는 것은 기정 정치 주체의 헤게모니를 확장하는 것이 아니라, 새로운 정치 주체의 출현과 이를 통해 민주주의의 급진화를 위해 기성 정치 프레임을 재구성하는 것이라 할 수 있다.

이것이 계급에 대한 분석의 포기나 전통적 좌파의 역할에 대한 부정을 의미하지 않는다. 사회를 계급적으로 분석하는 것과 해방적 과제를 추구하기 위해 계급을 넘어선 헤게모니를 확장해야 하는 것은 다른 차원의 실천이다. 자본주의가 발전할수록 모든 사회 세력들이 부르주아와 프롤레타리아로 양극화된다고 믿는 것과 그렇게 형성된 양 계급 속 대중들이 계급 정체성만으로 노동자 계급 정당 또는 진보 정당에게 당연히 투표할 것이라는 신념이 전혀 다른 차원의 이야기인 것과 같다. 현실에서 계급은 이론이 쓴 설명서대로 움직이지 않는다. 그랬다면 포퓰리즘은 존재할 기회조차 가질 수 없었을 것이고, 2008년 금융 위기 이후 세상은 몇 차례의 선거만으로도 충분히 혁명적으로 바뀌어 있었을지 모른다.

정치가 존재하는 한 포퓰리즘은 끊임없이 발생할 것이다. 그러나 정치가 민주주의와 거리가 멀어질수록 포퓰리즘이 갖는 상처는 더 깊고 더 클 수밖에 없을 것이다. 포퓰리즘이 정치를 더욱 혼란시키는 위험한 현상이 아니라, 정치를 회복시키는 급진 민주주의의 과제임을 주장하는 무페의 상처도 그만큼 클 것이다. 1970년대 영국에서 만나 오랫동안 그 상처를 함께 감당하고 치유해 온 연인이자 동지인 라클라우를 2014년 스페인의 어느 포퓰리즘 운동 현장에서 영원히 떠나 보낸 무페에게 이 책은 아주 특별한 의미를 지녔을 것이다. 경계를 넘기 위해 상처를 두려워하지 않는 샹탈 무페의 학문과 실천에 경의를 표하며, 저자가 이 책을 동반자인 라클라우에게 헌정했듯이 역자 또한 이 번역의 시간을 스승인 라클라우에게 바친다. 마지막으로 이 책이 훈고학적 참고문헌을 넘어, 우리 시대 민주주의의 확장을 위한 또 하나의 운동이 되기를 바라며, 출판을 기획해 주신 문학세계사에 깊은 감사의 마음을 전한다.